내 생애 첫 중국어 Ⅱ

유지현의 이지차이나 3분중국어
내 생애 첫 중국어 II

초판 1쇄 발행 2021년 1월 29일

지은이	유지현
펴낸이	최영민
펴낸곳	북앤로드
인쇄	미래피앤피

등록번호	제406-2015-31호 (2015년 3월 27일)
주소	경기도 파주시 신촌2로 24
전화	031)8071-0088
팩스	031)942-8688
이메일	pnpbook@naver.com

ISBN	979-11-91188-20-2 (13740)

중국어야, 반갑다.

외국어를 공부할 때 우린 일반적으로 발음 공부하고, 단어 외우고, 문장 읽고,

해석하고, 언제 닥칠지도 모를, 아니 영원히 내게는 닥치지 않을 수도 있는 '상황별

회화'를 배워서 열심히 연습하고 외우고… 이런 식으로 무작정 본론으로 들어가지요?

그 언어의 특징이나 구조와 같은 것은 접어 둔 채로 말입니다.

그렇게 책을 한 권 끝내면 내 실력도 그만큼 늘었다고 착각을 하곤 합니다.

간절히 그렇게 믿고 싶어 합니다. 가르치는 분들도 그렇게 가르치고, 배우는 분들은

더군다나 그대로 따라 갈 수밖에 없는 상황이지요.

이 방법이 틀렸다는 얘긴 아닙니다만, 이런 작업은 중국어의 기본 구조와 문장의 틀을

정립해 둔 상태에서 진행을 해야 할 부분입니다.

지피지기면 백전백승이라고 했습니다. 이 말은 만고불변의 진리입니다. 외국어의

언어구조와 기본 틀을 이해하고 그 언어에 접근하면 훨씬 더 빠르고 흥미롭게 언어를

습득할 수 있습니다.

우리와 가까운 거리에 있고 같은 한자를 사용하는 나라, 중국의 경우는 특히나 더

그렇습니다. 언어 특징과 기본 구조를 제대로 이해하고 학습을 시작하면 백전백승할

수 있습니다.

'이지차이나 3분중국어'의《내 생애 첫 중국어》에서는 중국어의 본론으로 들어가기에

앞서, 우선 중국어라는 언어의 특징과 우리 한국인들이 중국어를 배울 때 어떤 점이

쉽고 어떤 점에 주의해야 하는지 등, 한국어와 중국어와의 비교, 또한 영어와 중국어와

의 비교 등을 통해 우리에게 생소한 외국어인 중국어에 가급적 쉽게 접근할 수 있는

방법을 모색하고 난 뒤, 본론으로 들어가서는 중국어의 기본 구조, 문장의 틀을 하나씩

잡아나가도록 하겠습니다.

《내 생애 첫 중국어》에서 생각하는 우리 한국인이 중국어에 접근하는 가장 바람직한

자세는 중국어에 맞서 싸워 이기고 정복해내겠다는 전투적이고 공격적인 자세가 아닌

중국어와 평생 함께 할 좋은 친구가 되고자 하는 우호적이고 진지한 관심에서

출발하는 것이라고 생각합니다.

중국어의 특징을 제대로 알고 본론으로 들어간다면 중국어는 싸워 이겨야 하는 적이

아닌 우리의 충성스런 친구가 되어줄 것이 분명하기 때문입니다.

이제부터 하나씩 확인해 가면서 알게 되시겠지만, 진심으로 중국어는 우리 한국인이

배우기에 세상에서 가장 쉽고 간단한 언어이며 중국어는 결코 우릴 배신하지

않습니다.

그저 정확한 발음을 배우고, 정확한 발음을 들으면서 단어를 반복해서 큰 소리로 많이

읽고, 그렇게 익숙해진 단어를 올바로 연결하면 문장이 됩니다. 그 단어의 올바른 연결

방법은 바로 "우리말 순서와 똑같이! 단, 목적어 부분(~를)만 문장 맨 뒤로 보내면

된다!" 이것입니다.

이렇게 완성된 문장을 정확한 발음과 성조로 반복해서 큰소리로 자꾸 읽다보면

외우려고 애쓰지 않아도 어느새 자연스럽게 내 것이 되어버린 답니다. 우리가 유행가

가사를 자꾸 읊조리다 보면 나도 모르게 외워지는 것처럼 말이죠.

중국어에 관심이 없으신가요? 용기가 없는 건 아닐까요? 과거에 실패했던 경험
때문에 외면하고 싶은 건 아닐까요? 아니면 새롭게 도전한다는 것에 대한
막연한 두려움은 아닐까요?
걱정하지 마세요, '이지차이나 3분중국어'의《내 생애 첫 중국어》에서는 이 모든 것이
해결되니까요.
'이지차이나 3분중국어'의《내 생애 첫 중국어》강좌는 유튜브에 '유지현티비'를
검색하거나 네이버에 '이지차이나 3분중국어'를 검색하시면
'차이나랩 포스트'에서 확인하실 수 있으며 무료 중국어 동영상과 더불어 카드노트
형식의 무료교재와 음성파일을 함께 제공해드리고 있습니다.
또한 '네이버티비'에서 '이지차이나 3분중국어'를 검색하시면 유지현 선생님의 동영상
강의 전 강좌(발음편, 회화편)를 시청하실 수 있습니다.

이지차이나 3분중국어의《내 생애 첫 중국어》는 영상을 처음부터 순서대로 보면서
따라 하기만 하면 신기하게도 중국어의 체계가 잡히고 말문이 트이는 기적의
학습법이라고 감히 단언할 수 있습니다.
많은 분들의 열화와 같은 성원과 요청으로《내 생애 첫 중국어》교재를 세상에
내놓게 되었습니다. 한 번 체험해보세요, 후회하지 않으실 거예요. 이제 모든 준비를
마치고 당신을 기다리겠습니다. 후회 없는 선택, 망설이지 마세요, 바로 당신을 위한
중국어강좌입니다. 미리 말씀드리지만 중국어는 우리말과 참으로 많이 닮았지만,
우리말처럼 그만큼 복잡하지 않습니다. 이것이 중국어가 정말 쉽고 고마운 이유입니다.
자, 그럼 이제 중국어에 대해 하나씩 알아볼까요?

유지현 선생님 강의 후기

똥띠

저는 원래 파고x에서 4개월 정도 수강을 하고 HSK4급을 취득했었는데

가끔 수업시간에 배운 것들 중에서 이해가 가지 않은 문법들이 많이 있었습니다.

그러다가 이번 9월에 중국으로 교환학생을 가게 되어 회화학원을 알아보다가

유지현 선생님의 이지차이나를 알게 되었고

처음 틀을 전부 잡아주면서 설명해 주시는데

"와 이게 이런 의미를 가지고 있어서 이렇게 쓰이는구나." 라며

몇 번을 감탄했는지 모르겠습니다.

오직 점수만을 위해서 보이는 문법만 가르쳐주시는 것이 아니라

하나의 이야기처럼 설명해주시기 때문에

이해도 잘되고 '중국어가 이렇게 재밌는 언어였구나'라는 생각을 가지게 되었습니다.

오늘도 수업 듣는데 제가 얼마나 얕게 중국어공부를 했었는지 알 수 있었습니다.

교환학생으로 가기 전에 유지현선생님을 알게 된 건 진짜 행운인 것 같아요!ㅎㅎ

제 지인들이 중국어 배우고 싶다고 하면 꼭 선생님을 추천해 드릴 거예요!ㅎㅎ

앞으로 남은 시간동안 더 열심히 배워야겠어요.

더 빨리 알았더라면 좋았을 텐데

그래도 남은 기간 동안 열심히 배워야겠습니다!ㅎㅎ

유지현선생님 강력하게 추천합니다.

멸치

너무 재미있게 듣고 있어요. 혹시 평생회원은 없나요?

다른 인강도 몇 군데 들어봤지만 유쌤 강의가 가장 기억에 남아요.

저는 57세인데요. 벌써 무릎연골이 다 닳아서 관절치료 받으면서 수영을 하고 있어요.

수영 끝나고 별도로 물속에서 무릎연습을 1부터 500까지 중국어로 세고

한 손으로 100까지 세는 연습을 하다 보니 이제는 천까지도 셀 수 있을 것 같아요.

1부터 500까지 세면 딱 15분 걸리는데 뭐 다른 것 외울 것 추천해 주실 수 있나요?

중국어가 간절한 이유는 둘째며느리가 중국인인데 며느리가 한국말을 할 수 있어서

의사소통은 되지만 사돈끼리 대화가 안 되서 내가 열심히 배워야 하거든요.

좋은 방법 있으면 가르쳐 주세요.

베드민턴여신

안녕하세요? 중국어회화를 처음으로 맘 잡고 초급에 발을 들여놓았습니다.

우연히 무료강좌를 발견하게 되어 지금은 설레는 맘으로 수업에 임하고 있습니다.

3번째 듣고 있는데 들을 때마다 놓치고 있는 부분들과 다시 확인학습이 되는

부분들을 점검하면서 공부하자니 재미있습니다.

인터넷을 뒤져 유지현 선생님의 이지차이나 무료강좌를 접하게 되었습니다.

포기하지 말고 선생님이 제안하신대로 5번은 들을 생각입니다.

언어는 배워두면 사는 데 많은 도움이 된다는 것을 경험상 알고 있으니까요.

초보자 여러분들! 우리 모두 힘냅시다. 지피지기면 백전백승입니다.

포기하지 않으면 언젠가는 뭔가가 보일 것이라 믿고 오늘도 강좌 들으러 들어갑니다.

정확히 발음할 때까지 반복하며 재미있게 배우고 있습니다. 늘 감사합니다.

선생님! 재미있게 보고 있습니다.

늘 긍정적이시고 웃으며 격려해 주셔서 감사합니다.

홍보대사로 나서 보겠습니다. 짜요! 짜요! Go For It ! 건강하세요. 감사합니다.

안녕하세요. 선생님. 중국어 공부를 어떻게 시작하면 좋을지

인터넷에서 검색하다가 이지차이나 추천 받고 왔어요.

좋은 강의를 무료로 올려주셔서 감사합니다.

무료로 동영상을 보는데 강의노트까지 다 챙겨주시면서 응원해주시니

감사할 따름입니다.

이제껏 중국어를 배우기 어려운 언어로만 생각했는데

첫 번째 강의에서 선생님께서 한국인이 배우기 쉬운 언어라 단언하시는 걸 보면서

열심히 배워야겠다고 결심했어요.

무엇보다 선생님께서 강의하시는 방식이 전혀 지루하지 않고, 흥미로워서

집중하게 됩니다.

아직 영상 1개만 봤는데 오늘 밤에 몇 개 더 보면서 공부할 생각입니다.

정말 감사합니다.

이지차이나로 열심히 공부해서 실력 쑥쑥 늘고 싶네요.

항상 건강하시고, 평안하세요.:)

안녕하세요, 브라질에 사는 박소현이라고 합니다.

이름은 여자 같지만, 남자입니다. ^^;;

지금 만으로 49세이니 한국에서는 50인 늦깎이 학생입니다.

얼마 전부터 중국어를 접하면서 열심히 흉내를 내고 있는 중입니다.

제가 사는 브라질의 변두리에는 중국인들이 참 많거든요.

그들과 대화할 목적으로 중국어를 익히기 시작했습니다.

그간 한 책을 선택해서 날마다 30여분씩 읽으며 한자(간체자)를 익혀서,

지금은 50~60% 정도 병음 없이도 한자를 읽고 있지만,

말을 하는 데에는 아직 어눌하기만 합니다.

브라질의 시골에서 배우다보니 포르투갈어로 설명을 들으며 배웠습니다.

그게 중국어를 배우는 데 좀 헷갈린 면도 있고 해서

얼마 전부터 유튜브에 나오는 동영상들을 보며 궁금증을 해소하고 있었습니다.

그러다 유 선생님의 이지차이나 동영상도 보게 되었구요.

초급반의 영상을 보기 위해 가입을 하지는 않았지만,

3번째 동영상을 보면서 제가 가지고 있었던 의문점이 해소되었습니다.

쉽게 쉽게 설명해 주고, 또 호탕하게 웃으시는 모습이 보기 좋습니다.

좋은 일 하고 계십니다.

땅 위의 어느 곳에서인가 유 선생님의 이지차이나에서 유익을 얻고 있는 사람이

있다는 것을 알아주시기 바랍니다.

건강하세요, 찌아요~!

빈 인사말이 아니라 정말로 동영상강좌 훌륭합니다.

이미 소문내서 미국 뉴욕에 통역관으로 있는 우리 딸도

서울에 사는 동생이랑 친구 몇도 홀딱 빠져 있지요.

이미 나이 먹어, 유럽 등 세계 어디든 배낭여행이 취미인데

최근 몇 년 사이 국내에서도 그렇지만

특히나 싱가포르 갔다가 차이나타운에서 영어 한마디 못하면서도

전혀 배우려하지 않고 인해전술로 당당히 버티는 중국 사람들을 보면서

그들을 이기기 위해서가 아니라 우리자신을 지키기 위해서라도

다시 옛날처럼 우리가 '기브 미 초코렛, 기브 미 껌' 하면 안 되니까.

적어도 한국 사람들은 전국민이 중국어를 배워야하고 가르쳐야한다고 생각했답니다.

시끄럽고 고상하지 않고 어려워 보이는 중국어.

외국어를 좋아하는데도 시작이 쉽지 않았는데

정말 본 강좌를 접한 것은 행운입니다.

단언컨대 유지현선생의 이 무료강좌는 애국이고 자선입니다.

계속해서 끝까지 많은 수강생들을 놓지 마시고

여전히 지금처럼 재미있으면서도 똑똑하게 가르치시어

수강생과 유선생님 모두 함께 성공하기를 진심으로 부탁하면서 믿겠습니다.

목마른 모든 사람에게 길잡이가 되어 주십시오. 시작이 반!

그 시작을 훌륭히 도와주신 것은 이미 전부를 도와주신 셈.

건강과 함께 경제적으로도 커다란 성공과 보람 함께 있으시기를 기원합니다.

중국어를 항상 공부해야지 해야지~ 하다가

처음부분만 하고 포기하고를 여러 번 했습니다.

그렇다고 기초가 튼튼한가... 아니었습니다.

그때뿐 돌아서면 잊어버리고 사실 잘 이해를 못했던 거 같습니다.

이번에도 이곳저곳을 다니며 강의를 듣다가 우연히 유지현 선생님의 강의를 보게

되었는데 한번 본 강의인데도 내내 잊혀지지 않았습니다.

머리에 뭔가 띠~~~잉~~하는!!!

다음날 찾았죠.

첨엔 이름도 몰라서 어떻게 검색했다가 나왔나... 더듬더듬... 찾다가

유지현 선생님의 이름을 알게 되고 이지차이나를 알게 되었습니다.

사실 중국어 학원 다니기엔 비용이 부담스럽고 형편도 안 되서

거의 맛보기 3편 정도씩 무료 샘플 보고 다녀도 별 감흥이 없었는데

유지현 선생님 강의는 내가 돈내고라도 듣고 싶다는 생각이 들었죠.

다른 강의랑 확실히 달랐어요!

강의 듣고 뭔가 실타래가 풀리는 느낌...

중국어 접근방법이나 풀이가 완전 다르고 이해가 쏙쏙 되고 마음에 확~ 와닿았어요!

이분 강의면 포기하지 않고 끝까지 공부할 수 있겠다는 자신감과

점점 이해가 되니까 재미있어졌어요!!

근데 무료강의... 모든 게 무료.ㅠㅠ 감동적일 수밖에 없었습니다.

목표도 생기고 이제 파이팅도 넘칩니다!

너무너무 감사한 마음에 제가 할 수 있는 건 후기 남기는 것뿐이네요.

정말 정말 감사합니다~~~

70고개를 문턱에 둔 나이에 이런 횡재도 있습니다.

세상을 살면서 이득이라고는 본적이 없이 어리석게만 살아 온 사람에게도

살다보니 이런 행운도 만나는군요.

왜놈들이 조선인을 무시했던 것보다 더 소수민족을 깔보고 업신여기는

한족의 오만함이 싫어 공부가 마음에 있었어도

30여 년간 망설여 왔었습니다.

그러다가 시대가 그렇지 않은지라 한어 코빼기라도 구경하고저

어디에 배우러 갔다가 이건 아니다 라는 생각이 들었습니다.

여럿이 담소하며 그 얘기를 하였더니 어느 지인이 이곳을 알려주었습니다.

구름이 지나가듯 1회 동영상을 보았는데

참으로 명쾌하고 훌륭하였습니다.

한마디로 속이 시원하였습니다.

우선 말로만 인사드리오나

기회가 닿으면 술 한 사발을 정중히 대접하겠습니다.

유 선생님!

이 세상 잘 마치시고 먼 훗날 모순이 없는 극락 천당에 꼭 가시기를 기원하겠습니다.

두루 두루 평안하십시오 !

이지차이나는 중국어를 공부하기 원하는 사람에게 있어서

국내에서 가장 좋은 최고의 강좌입니다.

게다가 무료강의

지금까지 어학관련 무료 앱이 무수히 많이 있었지만

거의 가 다 몇 개의 상황별 대표 회화문을 제시해주고

무조건 암기하라는 식으로 되어있지

이렇게 체계적으로 동영상으로 강의를 하면서 무료로 제공하는 앱은 없었습니다.

더욱이 스몰 스텝의 원리 등

다양한 학습원리가 적용된 강의라 저절로 머리에 쏙 들어오고

오랫동안 기억도 잘됩니다.

이지차이나와 만난 것이 큰 영광이며,

이것 하나이면 여행에 필요한 간단한 중국어는 충분히 가능할 것으로 생각합니다.

이지차이나의 발전을 기원합니다.

대단히 감사합니다.

안녕하세요, 저는 올 9월 학기에 국비장학금으로 중국 상하이의

한 대학 대학원 박사 반에 진학을 앞두고 있는 곽다예라고 합니다.

유지현나라에서 뽀포모포를 시작한지 내년이면 10년차가 되네요.

유지현 나라에서 이지차이나 중국어를 배우기 시작하여 중문과로 진학하고,

중국 청도대학교 중문학과에서 복수학위도 하며, 북경대학교 중국어교육학과에

진학, 석사학위를 받기 까지 짧지 않은 세월이 흘렀습니다.

유지현선생님께서야 뭐 두말할 나위도 없이 그때도 이미 대단한 선생님이셨지만

오늘의 유지현나라와 이지차이나를 보니 정말 격세지감을 느낍니다.

9년 전 제가 중국어를 시작할 때만 해도 전자사전은 커녕

육중한 종이 중한사전을 들고 다니며 공부를 했었는데...

그런데 지금은 이렇게 좋은 사이트에 동영상 강의까지 있고 공부 방법도

많이 변하고 발전한 걸 보니 세월의 흐름이 실감납니다.

처음 중국어를 접한 건 고1 겨울 방학이었어요.

일주일에 두 번, 한 시간씩 놀며 배우며 했던 중국어가

지금은 저의 꿈이 되고 미래가 되었네요.

저는 공부를 필사적으로 하는 편도, 열혈 학생도 전혀 아니지만

이렇게 중국어를 10년 가까이 놓지 않고 꾸준히 할 수 있었던 건

유지현나라의 이지차이나 공부법을 몸에 익혔기 때문인 것 같아요.

중국어와 중국에 대해 편견 없이 오롯이 중국어 자체를 몸에 익히게 해주시고,

늘 지지하고 응원해주시는 내 중국어 멘토 유지현선생님이 있어서 참 좋습니다.

중국어와 중국을 사랑하며, 유지현나라를 방문해주시는 모든 분들이

영원한 나의 중국어 멘토가 되어줄 분을 만났다는 말씀을 꼭 드리고 싶네요.

공부 방법은 선생님께서 워낙 잘 알려주시니 생략하고,

우리 오래토록 중국어와 함께 합시다!

일리노이주립대학 중국어 전공생 김장훈

저는 미국 일리노이대학에서 중국어를 전공하고 있는 유학생입니다.

약 1년 정도 미국 대학에서 중국어를 배우고 난 뒤, 중국어를 조금 더 깊게

배워보고 싶은 마음에 소문은 익히 들어 본지라

2018년 여름방학에 한국 들어가서 유지현 선생님을 찾아갔죠.

미국 대학에서 중국어를 공부할 때, 중국 원어민 선생님들 중에 제가 뭐가 이해가

안 되는지 어떻게 하면 더 원어민처럼 발음 할 수 있는지 설명해 주시는 분은 없었어요.

그런데 이번에 유지현 선생님께서 모든 면에서 저를 발전시켜 주셨어요.

무슨 언어든 그렇겠지만, 저는 중국어 문법이 유달리 앞뒤가 안 맞는다는 생각을

많이 했었는데 선생님의 명쾌한 설명으로 제 가려웠던 곳이 말끔히 해결됨은

물론 얼마나 중국어를 이해하는데 도움이 많이 되는지,

진즉에 왜 유지현쌤을 안 찾아왔는지 후회가 될 정도였어요.

유지현 선생님 가르치시는 실력이야 두 말 하면 잔소리지만 수업할 때의 카리스마와

열정은 진짜 반하지 않을 수가 없습니다.

이건 제가 보장해드릴 수 있어요.

비록 꾸준히 지속적으로 다닐 수 있는 요건이 안 돼 방학 동안 밖에 유지현 선생님

강의를 듣지 못해 안타깝지만,

이번 여름방학은 제가 대학에서 중국어를 배웠던 1년여 기간보다 몇 배 더 값졌다고

자신있게 말할 수 있는 3개월이었어요.

그리고 미국과 한국의 다른 여러 곳에서 중국어를 배워 본 사람 입장으로서,

중국어를 배우시려는 분들,

고생하지 마시고 유지현나라에 오셔서 더 쉽게 중국어를 이해하고 재밌게 배우시면

인생에 큰 도움이 될 것 같아요!

15

차례

들어가는 말   3

유지현 선생님 강의 후기   6

• **실전 31강** ┃ 오늘 올 거지?   19

• **실전 32강** ┃ 누구냐, 넌?!!   27

• **실전 33강** ┃ 오늘 나 어때?   35

• **실전 34강** ┃ 우리에겐 있고 중국어에는 없는 표현   43

• **실전 35강** ┃ 놀러 와~!   51

• **실전 36강** ┃ 어제 너희들 뭐했어?   59

• **실전 37강** ┃ 내일 우리 같이 영화 볼래?   67

• **실전 38강** ┃ 몇 시에 옵니까?   75

• **실전 39강** ┃ 어째서 그를 안 만났어?   83

• **실전 40강** ┃ 우리 산책하러 가자!   91

• **실전 41강** ┃ 공원을 산책하려면… 1   99

• **실전 42강** ┃ 공원을 산책하려면… 2   107

• **실전 43강** ┃ 쌍빈어 동사 1   115

• **실전 44강** ┃ 쌍빈어 동사 2   123

• **실전 45강** ┃ 너희도 모두 같이 와라!   131

• **실전 46강** ┃ 숫자놀이 1   139

• **실전 47강** ┃ 숫자놀이 2   147

• **실전 48강** ┃ 숫자놀이 3   155

• **실전 49강** ┃ 숫자놀이 4   163

• **실전 50강** ┃ '조동사'가 뭐예요?   171

• **실전 51강** ┃ 올 수 있니?   179

• **실전 52강** ┃ 운전할 줄 알아?   187

• **실전 53강** ┃ 넌 뭘 사고 싶니?   195

• **실전 54강** ┃ 너 그거 알아 몰라?   203

• **실전 55강** ┃ 그거 팔 거니?   211

• **실전 56강** ┃ 내일은 돌아와야 해   219

• **실전 57강** ┃ 오늘은 공부하지 않아도 돼. 227

• **실전 58강** ┃ 거긴 비가 올 거야.   235

• **실전 59강** ┃ 전치사를 아시나요?   243

• **실전 60강** ┃ 우리 집에 있자, 집에서 놀자! ^ ^ 251

마무리하는 말   258

[부록]

HSK 1, 2급 총 300개 어휘   263

★ 유지현의 Easy China ★

실전 **31**강

오늘 올 거지?

실전 31강
**오늘
올 거지?**

유지현의 3분중국어

01

또 하나의 吧 ba

1) **吧!**　　ba!

　~하자/~해라(명령, 권유, 제안 등)

2) **吧?**　　ba?

　~지요? (추측, 짐작, 가능 등)

- -

02

몰라서 물어볼 때 :

(~니?/~까?)

문장 끝에 吗? ma?

03

추측하면서 상대에게 확인할 때 :

(~지?/~지요?)

문장 끝에 吧? ba?

04

今天忙吗?　　　Jīntiān máng ma?

오늘 바쁘니?

今天忙吧?　　　Jīntiān máng ba?

오늘 바쁘지?

05

你是学生吗?   Nǐ shì xuésheng ma?

너 학생이니?

你是学生吧?   Nǐ shì xuésheng ba?

너 학생이지?

06

她走了吗?   Tā zǒu le ma?

그녀가 떠났니?

她走了吧?   Tā zǒu le ba?

그녀는 떠났지?

07

爸爸在家吗?　　Bàba zài jiā ma?

아빠 집에 계시니?

爸爸在家吧?　　Bàba zài jiā ba?

아빠 집에 계시지?

08

你有钱吗?　　Nǐ yǒu qián ma?

너 돈 있니?

你有钱吧?　　Nǐ yǒu qián ba?

너 돈 있지?

31강
문장 만들기 연습

1 배고프니? / 배고프지?

2 오늘 날씨 좋지?

3 어제 날씨 좋았니?

4 너 지금 시간 없지?

5 네 친구도 책을 샀지?

* 배고프다   饿   è
    날씨   天气   tiānqì

31강 문장 만들기 답안

1. (你)饿吗? / (你)饿吧?   (Nǐ) è ma?/(Nǐ) è ba?
2. 今天天气好吧?   Jīntiān tiānqì hǎo ba?
3. 昨天天气好吧?   Zuótiān tiānqì hǎo ba?
4. 你现在没有时间吧?   Nǐ xiànzài méi yǒu shíjiān ba?
5. 你朋友也买书了吧?   Nǐ péngyou yě mǎi shū le ba?

★ 유지현의 Easy China ★

※ QR코드를 찍으면 동영상 강좌로 이동합니다.

실전 32강
누구냐, 넌?!!

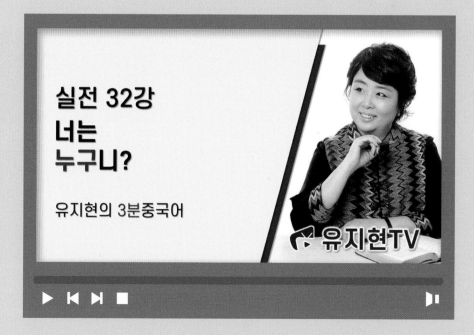

실전 32강
너는
누구니?

유지현의 3분중국어

유지현TV

01

谁   shéi(shuí라고 발음하기도 합니다)

누구

你是谁?   Nǐ shì shéi?

너 누구니?

* 의문사(물어보는 단어)가 있는 문장에는
  '吗 ma'를 붙이지 않습니다.

02

这是什么菜?   Zhè shì shénme cài?

이거 무슨 요리(음식)죠?

这是谁的?   Zhè shì shéi de?

이건 누구 것이니?

03

这儿谁有钱?   Zhèr shéi yǒu qián?

여기 누가 돈이 있니?

我有钱。   Wǒ yǒu qián.

나 돈 있어.

04

谁听那个?   Shéi tīng nà ge?

누가 그걸 듣니?

你见谁?   Nǐ jiàn shéi?

너 누구를 만나니?

05

谁在那儿?   Shéi zài nàr?
누가 거기에 있니?

我朋友在那儿。   Wǒ péngyou zài nàr.
내 친구가 거기에 있어.

06

明天谁来?   Míngtiān shéi lái?
내일 누가 오니?

谁明天来这儿?   Shéi míngtiān lái zhèr?
누가 내일 여기 옵니까?

07

他是谁的朋友?　Tā shì shéi de péngyou?

그는 누구의 친구니?

他是我的朋友。　Tā shì wǒ de péngyou.

그는 내 친구야.

08

谁是你(的)朋友?　Shéi shì nǐ (de) péngyou?

누가 네 친구니?

她是我(的)朋友。　Tā shì wǒ (de) péngyou.

그녀가 내 친구야.

32강
문장 만들기 연습

1 오전에 누가 바빴니?

2 내일 시간 있는 사람이 누구니?

3 오늘 저녁에 그가 누구를 만나?

4 누구의 것이 맛있나요?

5 누구의 책이 가장 어렵습니까?

* 가장　　　最　　　zuì

32강 문장 만들기 답안

1. 上午谁忙? 　　　　　　　Shàngwǔ shéi máng?
2. 明天有时间的人是谁? 　　Míngtiān yǒu shíjiān de rén shì shéi?
3. 今天晚上他见谁? 　　　　Jīntiān wǎnshang tā jiàn shéi?
4. 谁的好吃? 　　　　　　　Shéi de hǎocchī?
5. 谁的书最难? 　　　　　　Shéi de shū zuì nán?

★ 유지현의 Easy China ★

※ QR코드를 찍으면 동영상 강좌로 이동합니다.

실전 33강
오늘 나 어때?

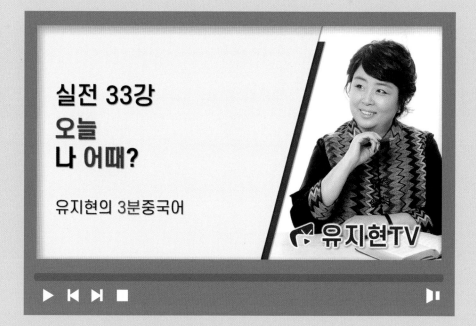

01

怎么样?   zěnmeyàng?

어때? 어때요?

'어떠하다(형용사)'를 물을 때
이 단어를 이용하세요.

02

오늘	今天	jīntiān
어제	昨天	zuótiān
내일	明天	míngtiān

身体   shēntǐ   몸/신체/건강

03

今天我怎么样? Jīntiān wǒ zěnmeyàng?

오늘 나 어때?

昨天我怎么样? Zuótiān wǒ zěnmeyàng?

어제 나 어땠어?

04

동작이 없으면 과거표현도 없다는 사실,
기억하고 계시죠?!! ^^

중국인들은 동작에만 과거표현을 씁니다.
동작이 없으면 과거표현도 없어요.

예를 들어볼까요?

05

那儿怎么样?   Nàr zěnmeyàng?

거기 어때?

昨天那儿怎么样? Zuótiān nàr zěnmeyàng?

어제 거기 어땠어?

* '어떠하다'에는 동작이 없으니 과거의 '了'를 붙여선 안 됩니다.

06

这个怎么样?   zhè ge zěnmeyàng?

이거 어때?

那个很好!   Nà ge hěn hǎo!

그거 좋군!

※ 형용사는 목적어를 갖지 못하지요? 이런 형용사 곁을
언제나 지켜주는 '很 hěn'을 꼭 기억해 주세요!

07

今天我们去那儿，怎么样?

Jīntiān wǒmen qù nàr, zěnmeyàng?

오늘 우리 거기 가는 게 어때?

好，今天去那儿吧!

Hǎo, jīntiān qù nàr ba!

좋아, 오늘 거기 가자!

08

'怎么 zěnme'라는 단어가 있어요.

그런데 이 '怎么 zěnme'를

'怎么样 zěnmeyàng'과 헷갈리시면 안 돼요, 여러분.

'怎么' 역시 의문대사이긴 하지만

그 의미는 전혀 다른 단어예요.

곧 배우게 될 테니 기대해 주시기 바랍니다.

33강
문장 만들기 연습

1 | 저 친구 어때?

2 | 쟤는 똑똑해, 넌 어때?

3 | 너 보기에는 어때?

4 | 내일 너도 오는 게 어떠니?

5 | 선생님은 지금 어떠시니?

* 총명하다 똑똑하다 영리하다　　　聪明　　　cōngming

33강 문장 만들기 답안

1. 那个朋友怎么样?　　　Nà ge péngyou zěnmeyàng?
2. 他很聪明，你怎么样?　　　Tā hěn cōngming, nǐ zěnmeyàng?
3. 你看，怎么样?　　　Nǐ kàn, zěnmeyàng?
4. 明天你也来，怎么样?　　　Míngtiān nǐ yě lái, zěnmeyàng?
5. 老师现在怎么样?　　　Lǎoshī xiànzài zěnmeyàng?

유지현의 Easy China

실전 **34**강
우리에겐 있고
중국어에는 없는 표현

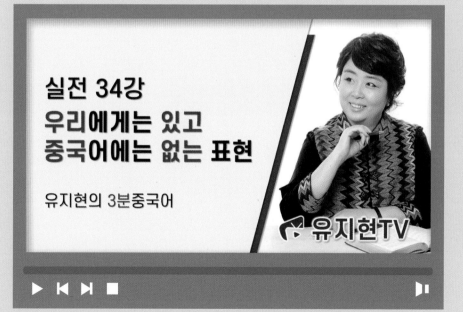

01

이(것)	这 (个)	zhè (ge)
저(것), 그(것)	那 (个)	nà (ge)
어느(것)	哪 (个)	nǎ (ge)

02

* 한국어와 일본어의 공통점

  : 존댓말이 발달되어 있다는 것.

* 영어와 중국어의 공통점

  : 존댓말이 없고 존칭의 표현만 있다는 것.

03

존댓말이 있는 언어 - '상대방'을 배려하는 언어

존댓말이 없는 언어 - '나' 위주의 언어

- -

04

중국어에는
'这(个) zhè (ge)' 와 '那(个) nà (ge)'
두 종류의 지시대명사가 있어요.

나와 가까우면 '这(个) zhè (ge)'
나와 멀면 '那(个) nà (ge)'

05

한국어와 일본어에는
'이것, 저것, 그것'
세 종류의 지시대명사가 있지요.

'저것'과 '그것'의 차이는 뭘까요? ^^

- -

06

나와 가까우면 '이것'
나와는 멀고 상대와 가까우면 '그것'
나와 상대 모두에게 멀면 '저것'입니다.

존댓말이 발달된 언어인 한국어와 일본어는
상대와 가까운지 먼지도 배려하는 것이지요.

07

그러니

'이것'은 중국어로 '这(个) zhè (ge)'

'그것/저것'은 중국어로 모두 '那(个) nà (ge)'가 되는 겁니다.

그리고 '어느/어느 것'은 중국어로 '哪(个) nǎ (ge)'입니다.

哪个国家   nǎ ge guójiā   哪国   nǎ guó

어느 나라

哪个国家的人 nǎ ge guójiā de rén 哪国人 nǎ guó rén

어느 나라 사람

08

你是哪国人?   Nǐ shì nǎ guó rén?

너 어느 나라 사람이니?

我是韩国人。   Wǒ shì Hánguó rén.

나 한국인이야.

34강
문장 만들기 연습

1 이거 어때? 이거 좋아.

2 저거 어때? 저거 별로야.

3 이거 맛있니? 그거 맛있어.

4 거기 재밌어? 여기 재밌어.

5 저기 어땠어? 저기 너무 좋았어.

34강 문장 만들기 답안

1. 这个怎么样? 这个很好。   Zhè ge zěnmeyàng? Zhè ge hěn hǎo.
2. 那个怎么样? 那个不太好。   Nà ge zěnmeyàng? Nà ge bú tài hǎo.
3. 这个好吃吗? 那个很好吃。   Zhè ge hǎochī ma? Nà ge hěn hǎochī.
4. 那儿好玩儿吗? 这儿很好玩儿。   Nàr hǎowánr ma? Zhèr hěn hǎowánr.
5. 那儿怎么样? 那儿太好(了)。   Nàr zěnmeyàng? Nàr tài hǎo (le).

★ 유지현의 Easy China ★

※ QR코드를 찍으면 동영상 강좌로 이동합니다.

실전 35강
놀러 와~!

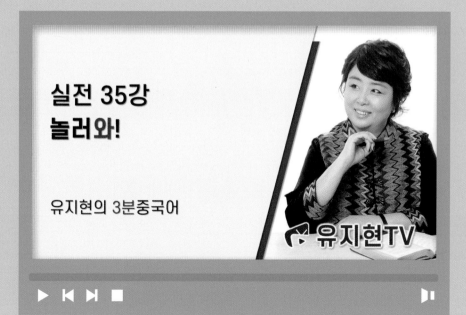

실전 35강
놀러와!

유지현의 3분중국어

유지현TV

01

연동문

문장 안에서 하나의 주어가
연달아 두 동작을 하는 문장

02

연동문의 법칙

먼저 하는 동작을 반드시 먼저 말해야 합니다.

이것이 중국어의 문법입니다.

03

去看。 Qù kàn.

보러 간다.

去看书。 Qù kàn shū.

책을 보러 간다.

04

去哪儿看书? Qù nǎr kàn shū?

책 보러 어딜 가니?

去书店看书。 Qù shūdiàn kàn shū.

책을 보러 서점에 가.

- 어디 哪儿 | nǎr

05

来吃饭吧!   Lái chī fàn ba!
밥 먹으러 와!

来我家吃饭吧!   Lái wǒ jiā chī fàn ba!
우리 집에 밥 먹으러 와!

06

明天去哪儿?   Míngtiān qù nǎr?
내일 어디 가?

明天来我家玩儿吧!
Míngtiān lái wǒ jiā wánr ba!
내일 우리 집에 놀러 와!

07

我们去哪儿买那个? Wǒmen qù nǎr mǎi nà ge?

우리 그거 사러 어디 갈까?

去那儿买那个吧! Qù nàr mǎi nà ge ba!

그거 사러 저기 가자.

08

꼭 기억해주세요!

한 문장 안에서 하나의 주어가 두 가지 이상의 동작을 할 땐
동작을 진행하는 순서대로 말하면 됩니다! ^ ^

35강
문장 만들기 연습

1 어디가 어때요?

2 그녀를 만나러 어디 가니?

3 그녀를 만나러 도서관에 가요.

4 무얼 보러 거기 가나요?

5 책을 보러 거기 갑니다.

35강 문장 만들기 답안

1. 哪儿怎么样?　　　Nǎr zěnmeyàng?
2. 去哪儿见她?　　　Qù nǎr jiàn tā?
3. 去图书馆见她。　　Qù túshūguǎn jiàn tā.
4. 去那儿看什么?　　Qù nàr kàn shénme?
5. 去那儿看书。　　　Qù nàr kàn shū.

유지현의 Easy China

※ QR코드를 찍으면 동영상 강좌로 이동합니다.

실전 36강
어제 너희들 뭐했어?

실전 36강
무슨 음식을
하니?

유지현의 3분중국어

01

자주 사용하는
아주 중요한 동사 하나!

- ~을 하다, 만들다 | 做 | zuò

02

做饭   zuò fàn   做菜   zuò cài

밥을 하다.   요리(음식)를 하다.

03

做什么菜?　　　Zuò shénme cài?

무슨 요리(음식)를 하니?

- -

04

做韩国菜。　　　Zuò Hánguó cài.

한국요리를 해요.

做中国菜。　　　Zuò Zhōngguó cài.

중국요리를 합니다.

05

做家务 　　　　　Zuò jiāwù.

집안일을 합니다.

做作业 　　　　　Zuò zuòyè.

숙제를 해요

06

工作 　　　　　　gōngzuò

　동사 : 일하다

　명사 : 일

07

명사)

你做什么工作?   Nǐ zuò shénme gōngzuò?

당신은 무슨 일을 하세요?

동사)

你们今天工作吧!   Nǐmen jīntiān gōngzuò ba!

너희들 오늘 일해라!

08

昨天你做什么了?   Zuótiān nǐ zuò shénme le?

어제 너 뭐했니?

我一直在家。   Wǒ yìzhí zài jiā.

나 쭉 집에 있었어.

36강
문장 만들기 연습

1	뭐하러 가니?

2	뭘 하러 거길 가요?

3	어디 가서 뭘 합니까?(=뭐 하러 어딜 가?)

4	일하러 회사에 갑니다.

5	장사하러 중국에 갑시다.

* 회사 公司   gōngsī
장사 买卖   mǎimai

36강 문장 만들기 답안

1. 去做什么?   Qù zuò shénme?
2. 去那儿做什么?   Qù nàr zuò shénme?
3. 去哪儿做什么?   Qù nǎr zuò shénme?
4. 去公司工作。   Qù gōngsī gōngzuò.
5. 去中国做买卖吧。   Qù Zhōngguó zuò mǎimai ba.

★ 유지현의 Easy China ★

실전 37강
내일 우리
같이 영화 볼래?

01

숫자 '一'의 성조변화

'一'은

1, 2, 3성 글자 앞에서는 4성으로,

4성 글자 앞에서는 2성으로 발음합니다.

02

* (부사) 같이, 더불어, 함께

一起	yìqǐ
一块儿	yíkuàir

03

<u>'부사'란?</u>

'어떠하다(형용사)'나 '어쩐다(동사)' 앞에서
이를 풍성하게 꾸며주는 동사·형용사의 절친

- -

04

他们一起来我家。

Tāmen yìqǐ lái wǒ jiā.

그들이 함께 우리 집에 온다.

你们一起来我家, 好吗?

Nǐmen yìqǐ lái wǒ jiā, hǎo ma?

너희 우리 집에 같이 올래?

05

明天你们一起去看电影吗?

Míngtiān nǐmen yìqǐ qù kàn diànyǐng ma?

내일 너희 같이 영화 보러 가니?

明天你们一起去看电影吧?

Míngtiān nǐmen yìqǐ qù kàn diànyǐng ba?

내일 너희 같이 영화 보러 가지?

06

明天我们一起去看电影吧!

Míngtiān wǒmen yìqǐ qù kàn diànyǐng ba!

내일 우리 함께 영화 보러 가자!

明天我们一起去看电影，好吗?

Míngtiān wǒmen yìqǐ qù kàn diànyǐng, hǎo ma?

내일 우리 같이 영화 보러 갈래?

07

今天我们一起去吃午饭吧!

Jīntiān wǒmen yìqǐ qù chī wǔfàn ba!

오늘 우리 같이 점심 먹으러 가자!

今天我们一起去吃午饭，好吗?

Jīntiān wǒmen yìqǐ qù chī wǔfàn, hǎo ma?

오늘 우리 같이 점심 먹으러 갈까?

08

一起来玩儿。　　　Yìqǐ lái wánr.

함께 놀러 온다.

一起来玩儿，好吗?　　Yìqǐ lái wánr, hǎo ma?

같이 놀러 올래?

1 | 너도 같이 가자!

2 | 우리도 모두 함께 가보자!

3 | 너희도 와서 같이 먹어라!

4 | 그들이 모두 왔어. 너도 와서 같이 놀자!

5 | 지금 친구들도 모두 도착했어.

* 도착하다　　到　　dào

37강 문장 만들기 답안

1. 你也一起去吧!　　　　　　Nǐ yě yìqǐ qù ba!
2. 我们也都一起去看吧!　　　Wǒmen yě dōu yìqǐ qù kàn ba!
3. 你们也来一起吃吧!　　　　Nǐmen yě lái yìqǐ chī ba!
4. 他们都来了, 你也来一起玩儿吧。　Tāmen dōu lái le, nǐ yě lái yìqǐ wánr ba.
5. 现在朋友(们)也都到了。　Xiànzài péngyou(men) yě dōu dào le.

72

★ 유지현의 Easy China ★

실전 38강

몇 시에 옵니까?

실전 38강
몇 시에
만나면 좋을까?

유지현의 3분중국어

유지현TV

01

숫자를 물을 때는 어떤 단어를 사용할까요?

- '몇' | 几 | jǐ

02

- '~시' | 点 | diǎn

- '~분' | 分 | fēn

03

- 지금, 현재 | 现在 | xiànzài

现在几点几分?   Xiànzài jǐ diǎn jǐ fēn?

지금 몇 시 몇 분이야?

*시간, 날짜, 요일 등을 말할 때
 중국인들은 '~이다 是'를 생략합니다.

- -

04

几点见?   Jǐ diǎn jiàn?

몇 시에 만날까?

我们现在见吧!   Wǒmen xiànzài jiàn ba!

우리 지금 만나자.

05

我们明天晚上几点见?

Wǒmen míngtiān wǎnshang jǐ diǎn jiàn?

우리 내일 저녁 몇 시에 만날까?

十一点见吧!   Shí yì diǎn jiàn ba!

열한 시에 만나자!

06

几点好?   Jǐ diǎn hǎo?

몇 시가 좋아요?

一点怎么样?   Yì diǎn zěnmeyàng?

한 시가 어때?

07

他们几点来?　　Tāmen jǐ diǎn lái?

그들이 몇 시에 와요?

他们今天不来。　Tāmen jīntiān bù lái.

그들은 오늘 안 와요.

08

那(么), 什么时候来?　Nà(me), shénme shíhou lái?

그럼 언제 와요?

* 그러면, 그럼	那(么)	nà(me)
* 언제	什么 时候	shénme shíhou

听说明天来。　Tīngshuō míngtiān lái.

내일 온대요.

* 듣기로는, 듣기에, ~래요　听说　tīngshuō

38강
문장 만들기 연습

1 몇시에 가볼까?

2 5시 20분에 가보자.

3 그녀가 여기 온 건 6시 40분이었어.

4 수업 마쳤을 때가 몇시였어?

5 언제 중국어 수업을 시작하지?

38강 문장 만들기 답안

1. 几点去看?   Jǐ diǎn qù kàn?
2. 五点二十分去看吧!   Wǔ diǎn èr shí fēn qù kàn ba!
3. 她来这儿是六点四十分。   Tā lái zhèr shì liù diǎn sì shí fēn.
4. 下课的时候是几点?   Xià kè de shíhou shì jǐ diǎn?
5. 什么时候上汉语课?   Shénme shíhou shàng Hànyǔ kè?

유지현의 Easy China

※ QR코드를 찍으면 동영상 강좌로 이동합니다.

실전 39강
어째서 그를
안 만났어?

실전 39강
**어째서
그를 안 만났니?**

유지현의 3분중국어

유지현TV

01

하나의 단어인데
긍정의 의미로 쓰일 때와
부정의 의미로 쓰일 때의 뜻이 달라지는

'怎么 zěnme'

02

부사 '怎么 zěnme'

긍정의 의미 : '어떻게'(방법을 물음)
부정의 의미 : '어째서, 왜, 무엇 때문에'(원인을 물음)

03

자, 그럼 우리 각각의 예문을 통해
이 특별한 친구에 대해 알아볼까요?

- -

04

这个怎么读?   Zhè ge zěnme dú?

이거 어떻게 읽어요? (읽다 读 dú)

你怎么不读?   Nǐ zěnme bù dú?

너 왜 안 읽어?

05

那个怎么卖?   Nà ge zěnme mài?

그거 어떻게 팔아요?

怎么没卖那个?   Zěnme méi mài nà ge?

왜 그걸 안 팔았어요?

06

明天我们怎么见?

Míngtiān wǒmen zěnme jiàn?

내일 우리 어떻게 만나?

他们怎么没见?   Tāmen zěnme méi jiàn?

쟤들 어째서 안 만났어?

07

怎么知道? Zěnme zhīdao?

어떻게 알아?

你怎么不知道这个? Nǐ zěnme bù zhīdào zhè ge?

넌 어째서 이걸 몰라?

'知道 zhīdào'는 회화체에서 일반적으로
긍정문에서는 zhīdao(경성)로, 부정문에서는 bù zhīdào(4성)로
발음합니다.

08

같은 단어라도
문장의 분위기에 따라
의미가 달라지는 '怎么 zěnme'.

꼭 기억해두었다가
적절히, 올바로 사용하시기 바랍니다. ^ ^

39강
문장 만들기 연습

1 네 이름 어떻게 써?

2 너 어째서 내 이름을 몰라?

3 너희들 오늘 어째서 안 왔어?

4 이거 어떻게 먹어?

5 넌 왜 이걸 안 먹어?

39강 문장 만들기 답안

1. 怎么写你的名字?(또는 你的名字怎么写?)   Zěnme xiě nǐ de míngzi?
2. 你怎么不知道我的名字?   Nǐ zěnme bù zhīdào wǒ de míngzi?
3. 你们今天怎么没来?   Nǐmen jīntiān zěnme méi lái?
4. 这个怎么吃?(또는 怎么吃这个?)   Zhè ge zěnme chī?
5. 你怎么不吃这个?   Nǐ zěnme bù chī zhè ge?

★ 유지현의 Easy China ★

※ QR코드를 찍으면 동영상 강좌로 이동합니다.

실전 40강
우리 산책하러 가자!

실전 40강
**우리
산책할까요?**

유지현의 3분중국어

유지현TV

01   동빈이합사 (动宾离合词)

하나인 듯 하나가 아닌
'동사술어 + 목적어' 형태의
두 단어의 조합

우리에게 없는 '동빈이합사'에 대해 주의 깊게 살펴봅시다.

- -

02   '동빈이합사'의 의미를 살펴볼까요?

- 동빈 : 동사술어 + 빈어(목적어)
- 이 : 떨어질 리
- 합 : 합할 합
- 사 : 단어, 어휘

03

얼핏 보면 하나의 단어처럼 보이지만
사실은 이미 '동사술어+목적어' 조합이며,
이를
'따로 떼어서 쓸 수도 있고 (이 离)
서로 합해서 쓸 수도 있는 (합 合)
단어 (사 词)'라는 의미로
'동빈이합사'라고 부릅니다.

04

그러면 '이합사'는
어느 부분을 주의해서 사용해야 할까요?

동사는 보통 하나의 목적어를 가질 수 있는데
이합사에는 이미 목적어가 포함되어 있으니
이 이합사 뒤에 별도의 목적어를 붙일 수 없습니다.

05

이합사의 예를 들어 볼까요?

结婚 결혼하다 jié / hūn (= 혼인을 맺다)
→ 结 맺다 + 婚 혼인

起床 기상하다 qǐ / chuáng (침대에서 일어나다)
→ 起 일어나다 + 床 침대

06

잠을 자다	睡 / 觉	shuì / jiào
여행하다	旅 / 游	lǚ / yóu
수영하다	游 / 泳	yóu / yǒng
졸업하다	毕 / 业	bì / yè

07

출근하다	上 / 班	shàng / bān
수업하다	上 / 课	shàng / kè
출발하다	出 / 发	chū / fā
산책하다	散 / 步	sàn / bù

08

이미 목적어를 품고 있는 이합사.

이합사가 목적어를 가질 때 우린 어떻게 표현해야 할까요?

예를 들어

공원을 산책한다. 북경을 여행한다.

학교를 졸업한다. 상해를 출발한다…

* 위와 같은 경우에 대해서는 다음 강에서 알아봅시다.

40강
문장 만들기 연습

1 넌 매일 몇 시에 자고 몇 시에 일어나니?

2 우리 어디로 수영하러 갈까?

3 네 친구는 언제 출근해?

4 날씨 좋은데 산책하러 가는 게 어때?

5 그들은 모두 함께 여행을 갑니다.

40강 문장 만들기 답안

1. 你每天几点睡觉，几点起床?   Nǐ měitiān jǐ diǎn shuì jiào, jǐ diǎn qǐ chuáng?
2. 我们去哪儿游泳?   Wǒmen qù nǎr yóu yǒng?
3. 你朋友什么时候上班?   Nǐ péngyou shénme shíhou shàng bān?
4. 天气很好，去散步怎么样?   Tiānqì hěn hǎo, qù sàn bù zěmmeyàng?
5. 他们都一起去旅游。   Tāmen dōu yìqǐ qù lǚ yóu.

★ 유지현의 Easy China ★

실전 41강
공원을 산책하려면… 1

실전 41강
공원을
산책하려면 1

유지현의 3분중국어

유지현TV

01

우리에겐 낯설지 않은
'공원을 산책하다'라는 표현을
중국어로도 그대로
말하면 될까요?

02

그렇지 않습니다.

'공원에 가서 산책한다'
또는
'산책하러 공원에 간다'로
표현해야 합니다.

03

왜 그럴까요?

'산책하다'라는 표현 안에

이미 목적어가 들어 있기 때문이에요.

'散 (동사술어) + 步 (목적어)'

- -

04

지난 시간에 공부했던

'동빈이합사'

기억하고 계시지요?

자, 이제 이합사가 목적어를 가질 때의

다양한 표현을 알아볼까요?

05

중국을 여행하다.
'여행하다' 이합사 + '중국' 목적어는?

대학을 졸업하다.
'졸업하다' 이합사 + '대학' 목적어는?

06

중국어 수업을 하다.

'수업하다' 이합사 + '중국어' 목적어는?

그녀를 만나다.
'만나다' 이합사 + '그녀' 목적어는?

07

여러 가지 다양한 방법으로
이 목적어들을 처리할 거예요.
자, 이제 집중해서
잘 봐주세요! ^ ^

들어갑니다!!

08

그 전에 우리가 우선 기억해 두어야 할 것은?
이합사는 목적어를 품고 있으니
이합사 뒤에 목적어를 다시 놓을 수는 없다는 사실.

이것을 꼭 기억해두어야 합니다.

41강
문장 만들기 연습

1 우리 몇 시에 출발해?

2 당신 언제 졸업하나요?

3 난 그녀를 만나러 가는데, 넌?

4 중국어 수업할 때는 먹지 마!

5 내가 말하면 넌 듣고 써라(받아써라).

* 받아쓰기하다, 듣고 쓰다   听写   tīngxiě

41강 문장 만들기 답안

1. 我们几点出发?　　　　Wǒmen jǐ diǎn chūfā?
2. 你什么时候毕业?　　　 Nǐ shénme shíhou bì yè?
3. 我去见她，你呢?　　　 Wǒ qù jiàn tā, nǐ ne?
4. 上汉语课的时候别吃!　 Shàng Hànyǔ kè de shíhou bié chī!
5. 我说，你听写吧!　　　 Wó shuō, nǐ tīngxiě ba!

유지현의 Easy China

※ QR코드를 찍으면 동영상 강좌로 이동합니다.

실전 42강

공원을 산책하려면… 2

실전 42강
공원을
산책하려면 2

유지현의 3분중국어

유지현TV

01

공원을 산책하다.

散步公园。(X)

→

공원에 가서 산책하다.

去公园散步。(O)

02

중국을 여행하다.

旅游中国。(X)

→

여행하러 중국에 가다. 또는 중국에 가서 여행하다.

去中国旅游。(O)

03

대학을 졸업하다.

毕业大学。(X)

→

大学毕业。(O)

毕业于大学。(O)

04

중국어 수업을 하다.

上课汉语。(X)

→

上汉语课。(O)

05

그녀를 만나다.
见面她。(X)
→
见她。(O)
또는 '그녀의 얼굴을 보다'라는 의미의
见他的面。(O)

06

이해 안 되는 분들 계시지요?
괜찮아요~
'이런 게 있구나.' 하고 넘어가셔도 됩니다.

07

우선은
이해가 안 되더라도
그냥 그대로 외워두는 것도 좋은 방법입니다.

시간이 지나면서 우리 실력도 점점 쌓여질 것이고
저절로 어느 순간 '아하~!' 하고 무릎을 탁 치게 될 것입니다.

08

자, 동빈이합사가 뭐라구요?
하나의 단어인(동사) 듯이 보이지만
이미 그 안에 목적어를 품고 있으니
목적어를 따로 가질 수 없는 운명,
이것이 동빈이합사임을 반드시 기억해주세요. ^^

42강
문장 만들기 연습

1 우리도 다함께 공원에 산책가자.

2 당신 지금 상해에 여행 가십니까?

3 내년에 누가 대학을 졸업하나요?

4 그녀를 만났어요.

5 넌 무슨 수업을 하는 것을 가장 좋아하니?

* 여행하다   旅行   lǚxíng

42강 문장 만들기 답안

1. 我们也都一起去公园散步吧!   Wǒmen yě dōu yìqǐ qù gōngyuán sàn bù ba!
2. 你现在去上海旅行吗?   Nǐ xiànzài qù Shànghǎi lǚxíng ma?
3. 明年谁大学毕业?   Míngnián shéi dàxué bì yè?
4. 见了她的面。/ 见她了。   Jiàn le tā de miàn./ Jiàn tā le.
5. 你最喜欢上什么课?   Nǐ zuì xǐhuan shàng shénme kè?

유지현의 Easy China

※ QR코드를 찍으면 동영상 강좌로 이동합니다.

실전 43강
쌍빈어 동사 1

실전 43강
쌍빈어
동사

유지현의 3분중국어

유지현TV

01

중국인들은
우리의 '목적어'를
'빈어(宾语)'라고 부릅니다.

- -

02

보통
하나의 동사는 하나의 목적어를 가지는데요,
중국어에는 목적어를 두 개 가지는 동사들이 있어요.

03

이런 동사를

'쌍빈어(쌍둥이처럼 목적어가 두 개) 동사'라고 하구요~

이 두 개의 목적어 중에서

사람목적어를 앞에, 사물목적어를 뒤에 놓습니다.

오늘은

대표적인 쌍빈어 동사를 몇 가지 소개해드릴게요.

- -

04

送   sòng

~에게 ~을 보내다

给   gěi

~에게 ~을 주다

05

问   wèn

~에게 ~을 묻다

教   jiāo

~에게 ~을 가르치다

06

借   jiè

~에게 ~을 빌리다

还   huán

~에게 ~을 돌려주다

07

告诉   gàosu

~에게 ~을 알리다

找   zhǎo

~에게 ~을 거슬러주다

* 找는 '찾다'라는 의미로도 쓰입니다.
단, 이때는 목적어를 두 개 갖지 못해요.

08

자, 그럼 이제 다음 강에서
쌍빈어 동사를 이용한
예문을 알아보도록 합시다.

기대해주세요~! ^^

유지현의 Easy China

실전 44강
쌍빈어 동사 2

01

자, 그러면 이제 우리
쌍빈어 동사를 가지는 문장,
'쌍빈어문'을 직접 만들어 봅시다!

- -

02

送   sòng

~에게 ~을 보내다

朋友送她花儿。   Péngyou sòng tā huār.

친구가 그녀에게 꽃을 보내요.

03

给   gěi

~에게 ~을 주다

爸爸，给我钱(吧)!

Bàba, gěi wǒ qián (ba)!

아빠, (저에게) 돈 주세요!

04

问   wèn

~에게 ~을 묻다

学生问老师问题。

Xuésheng wèn lǎoshī wèntí.

학생이 선생님께 질문을 한다.

05

教　　jiāo
~에게 ~을 가르치다

教我汉语吧!　　Jiāo wǒ Hànyǔ ba!
나에게 중국어를 가르쳐주세요!

- -

06

借　　jiè	还　　huán
~에게 ~을 빌리다	~에게 ~을 돌려주다

借你笔，还他手机
Jiè nǐ bǐ ，huán tā shǒujī
너에게 펜을 빌리고, 그에게 휴대전화를 돌려준다

07

告诉   gàosu

~에게 ~을 알리다

告诉妈妈他来

Gàosu māma tā lái

엄마께 그가 오는 걸 알려드린다

08

找   zhǎo

~에게 ~을 거슬러주다

找客人一块钱

Zhǎo kèrén yí kuài qián

손님께 1원을 거슬러드리다

44강
문장 만들기 연습

1 내게 선물을 보내주세요!

2 내가 당신께 이것을 드리겠습니다.

3 그녀에게 길을 물읍시다.

4 이 학생에게 길을 가르쳐주세요.

5 우리에게 길을 알려주십시오.

* 선물	礼物	lǐwù
길	路	lù
~해 주십시오	请	qǐng

44강 문장 만들기 답안

1. 送我礼物吧!	Sòng wǒ lǐwù ba!
2. 我给你这个。	Wǒ gěi nǐ zhè ge.
3. 问她路吧!	Wèn tā lù ba!
4. 教这个学生路吧!	Jiāo zhè ge xuésheng lù ba!
5. 请告诉我们路!	Qǐng gàosu wǒmen lù!

유지현의 Easy China

실전 45강
너희도 모두 같이 와라!

실전 45강
**너희도 모두
같이 와라!**

유지현의 3분중국어

01

중국어의 양념, 부사

~도	也	yě
모두	都	dōu
늘, 언제나	常	cháng

(常은 常常 chángcháng이라고도 합니다)

02

他们也是学生吗? Tāmen yě shì xuésheng ma?

그들도 학생이니?

他们也都是学生。 Tāmen yě dōu shì xuésheng.

그들도 모두 학생이야.

03

你们也在家吗?　Nǐmen yě zài jiā ma?

너희도 집에 있니?

我们也都在家。　Wǒmen yě dōu zài jiā.

우리도 모두 집에 있어.

04

她也常来吗?　　Tā yě cháng lái ma?

그녀도 자주 오나요?

她也常常去那儿。　Tā yě chángcháng qù nàr.

그녀도 자주 거기를 가요.

05

你也有时间吗?　　Nǐ yě yǒu shíjiān ma?

너도 시간 있니?

我也有时间。　　Wǒ yě yǒu shíjiān.

나도 시간 있어.

06

这(个)是谁的?　　Zhè (ge) shì shéi de?

이것은 누구 것이니?

那也是我的。　　Nà yě shì wǒ de.

그것도 내 것이다.

07

你朋友也都出发吗? Nǐ péngyou yě dōu chūfā ma?

네 친구들도 모두 출발하니?

我朋友也都一起出发。 Wǒ péngyou yě dōu yìqǐ chūfā.

내 친구들도 다함께 출발해요.

08

常(常)来玩儿吧! Cháng(cháng) lái wánr ba!

자주 놀러 오세요.

常(常)一起玩儿。 Cháng(cháng) yìqǐ wánr.

자주 함께 놀아요.

45강
문장 만들기 연습

1 내 친구도 그걸 자주 봐.

2 우리 모두 저걸 삽시다.

3 엄마·아빠도 함께 오십니까?

4 우리 오늘도 모두 함께 이걸 먹자!

5 베이징은 올해도 좋았어요!

45강 문장 만들기 답안

1. 我朋友也常看那个。   Wǒ péngyou yě cháng kàn nà ge.
2. 我们都买那个吧!   Wǒmen dōu mǎi nà ge ba!
3. 妈妈(和)爸爸也一起来吗?   Māma (hé) bàba yě yìqǐ lái ma?
4. 我们今天也都一起吃这个吧!   Wǒmen jīntiān yě dōu yìqǐ chī zhè ge ba!
5. 北京今年也很好!   Běijīng jīnnián yě hěn hǎo!

★ 유지현의 Easy China ★

※ QR코드를 찍으면 동영상 강좌로 이동합니다.

실전 46강
숫자놀이 1

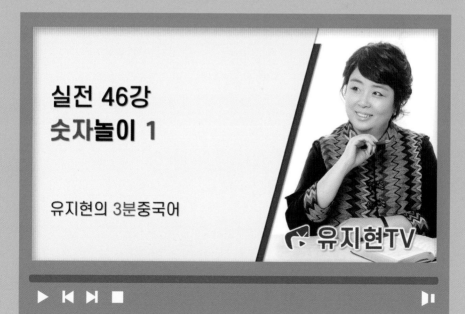

실전 46강
숫자놀이 1

유지현의 3분중국어

유지현TV

01

一 yī

일 / 하나

- -

02

양사 '个 ge'

~개, ~명

• 一个 yí ge 한 개, 한 명

• 一 yī(1성)가 왜 yí(2성)로 표기가 되어 있을까요?
다음 시간에 알게 되실 거예요. ^^

• 个는 원래 4성이에요.
단, 양사로 쓰일 경우에만 경성으로 발음합니다.

03

- 二　　èr
이(2)

- 两　　liǎng
둘

  - 两个　　liǎng ge
두 개 / 두 명

04

三　　sān
삼 / 셋

四　　sì
사 / 넷

- 三个　sān ge
세 개 / 세 명

- 四个　sì ge
네 개 / 네 명

05

五 wǔ	六 liù
오 / 다섯	륙 / 여섯

- 五个 wǔ ge	- 六个 liù ge
다섯 개/다섯 명	여섯 개/여섯 명

06

七 qī	八 bā
칠 / 일곱	팔 / 여덟

- 七个 qī ge	- 八个 bā ge
일곱 개/일곱 명	여덟 개/여덟 명

07

九 jiǔ	十 shí
구 / 아홉	십 / 열
- 九个 jiǔ ge	- 十个 shí ge
아홉 개 / 아홉 명	열 개 / 열 명

08

한국에서는 숫자를 일, 이, 삼, 사…와
하나, 둘, 셋, 넷…. 이렇게 구분해 쓰지만
중국에선 이 둘을 구분하지 않고 같이 씁니다.

다만,
'二 èr(2 이)'과 '两 liǎng(2 둘)' 만은
구분하여 사용한다는 것을 기억해 주세요.

46강
문장 만들기 연습

1 한 명은 친구이고, 한 명은 선생님이야.

2 두 개는 내 것이고, 세 개는 내꺼 아니야.

3 이 다섯 개를 들읍시다.

4 저 네 명의 선생님은 그 두 개를 좋아해.

5 어느 두 개?

46강 문장 만들기 답안

1. 一个(人)是朋友，一个(人)是老师。   Yí ge (rén) shì péngyou, yí ge (rén) shì lǎoshī.
2. 两个是我的，三个不是我的。   Liǎng ge shì wǒ de, sān ge bú shì wǒ de.
3. 听这五个吧!   Tīng zhè wǔ ge ba!
4. 那四个老师喜欢那两个。   Nà sì ge lǎoshī xǐhuan nà liǎng ge.
5. 哪两个?   Nǎ liǎng ge?

유지현의 Easy China

※ QR코드를 찍으면 동영상 강좌로 이동합니다.

실전 47강
숫자놀이 2

01

一의 성조변화

숫자 一는 원래 1성 yī이에요.

그런데
一 뒤에 1, 2, 3성 글자가 오면
一가 4성으로 바뀝니다.

- -

02

예를 들어볼까요?

一天	yìtiān	하루
一直	yìzhí	줄곧, 쭉, 곧장, 계속해서
一起	yìqǐ	함께, 같이

03

一 뒤에 4성 글자가 오면

一는 원래 자기 성조인 1성이 아니라

2성으로 바뀝니다.

04

一样	yíyàng	같다
一下(儿)	yíxià(r)	좀, 한순간에, 갑자기
一定	yídìng	반드시, 꼭, 분명히
一共	yígòng	모두 합쳐서, total

05

一天吃几次?　　Yì tiān chī jǐ cì?

하루에 몇 번을 먹어요?

我们也都一样。　Wǒmen yě dōu yíyàng.

우리도 모두 같아요.

06

昨天一直在家。　Zuótiān yìzhí zài jiā.

어제는 쭉 집에 있었어.

一共多少钱?　　Yígòng duōshao qián?

모두 합쳐서 얼마예요?

07

你们一定一起来吧!   Nǐmen yídìng yìqǐ lái ba!

너희는 반드시 함께 오너라.

一年有几个月?   Yìnián yǒu jǐ ge yuè?

일년에는 몇 개월이 있나요?

* 몇   几   jǐ

08

순서대로 나열되는 숫자가 아닌
무작위의 숫자가 섞여있는 경우
(전화번호, 계좌번호, 차량번호, 주민번호 등)
一는 yī로 발음하지 않고 yāo라고 발음합니다.

* 이는 一 (yī) 와 七 (qī) 의 모음(i)이 같아
   이 둘의 발음을 명확히 구분하기 위함입니다.

47강
문장 만들기 연습

1 오늘 하루 줄곧 비가 내려요.

2 여기도 그래요.

3 우리 함께 중국영화 보러 가자.

4 내일도 반드시 당신을 만나러 올게요.

5 너희들 모두 합쳐서 몇 개가 있니?

47강 문장 만들기 답안

1. 今天一天一直下雨。　　Jīntiān yìtiān yìzhí xià yǔ.
2. 这里(=这儿)也是。　　Zhèli(=zhèr) yě shì.
3. 我们一起去看中国电影吧!　　Wǒmen yìqǐ qù kàn Zhōngguó diǎnyǐng ba!
4. 明天也一定来见你。　　Míngtiān yě yídìng lái jiàn nǐ.
5. 你们一共有几个?　　Nǐmen yígòng yǒu jǐ ge?

유지현의 Easy China

※ QR코드를 찍으면 동영상 강좌로 이동합니다.

실전 48강
숫자놀이 3

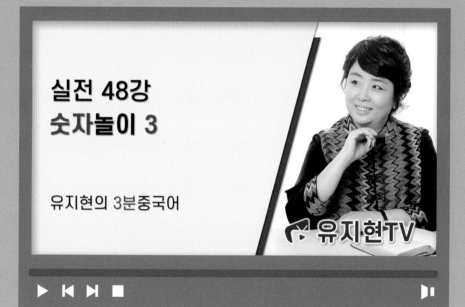

실전 48강
숫자놀이 3

유지현의 3분중국어

유지현TV

01

중국어 숫자,
0∼99까지는 읽고 말하는 방법
이
우리와 똑같습니다.

확인해볼까요?

- -

02

- 零   ling

0

- 중국어 숫자, 연습해 볼까요?

19	十九	shíj iǔ
28	二十八	èr shí bā

03

36	三十六	sān shí liù
45	四十五	sì shí wǔ
71	七十一	qī shí yī

04

숫자가 우리 입에, 귀에, 눈에 익숙해질 때까지
반복연습을 하는 것이 중요합니다.
각자의 휴대전화번호, 주민번호 등을
중국어로 열 번만 큰소리로 또박또박 읽고 말해 볼까요? ^^

정확한 발음과 성조로
천천히 연습해 주시기 바랍니다.

05

혹시

010을 뭐라고 발음하셨어요?

líng yāo líng이라고 하신 분,

손~~~~

06

우리 지난 숫자놀이 시간에

잠깐 언급한 거,

기억하시지요?

一는

무작위의 숫자가 섞여있는 경우

yī 가 아니라 yāo로 발음해야 합니다. ^^

07

다만,
중국과는 달리 대만에서는
이 경우에도 '一'를
'yāo'로 발음하지 않고
원래 발음 그대로 'yī'라고 합니다.

08

숫자는
하나하나 정확하게
자유자재로 말할 수 있도록
무한 반복해서
연습에 연습!!
아무리 강조해도 지나치지 않음을
알아주시기 바랍니다. ^ ^

48강
문장 만들기 연습

1 여기에 모두 합해서 몇 명이 있나요?

2 내 친구 여섯 명이 모두 놀러 옵니다.

3 우리 이 다섯 개를 팝시다.

4 내 친구는 그 두 개를 먹었는데, 당신들은요?

5 우린 저걸 그리 좋아하지 않아. 너 줄게.

* 숫자 0부터 99까지 다섯 번만 또박또박 천천히 읽으면서 연습해 주세요!!

48강 문장 만들기 답안

1. 这儿一共有几个人?   Zhèr yígòng yǒu jǐ ge rén?
2. 我的六个朋友都来玩儿。   Wǒ de liù ge péngyou dōu lái wánr.
3. 我们卖这五个吧!   Wǒmen mài zhè wǔ ge ba!
4. 我朋友吃了那两个，你们呢?   Wǒ péngyou chī le nà liǎng ge, nǐmen ne?
5. 我们不太喜欢那个，给你。   Wǒmen bú tài xǐhuan nà ge, gěi nǐ.

★ 유지현의 Easy China ★

※ QR코드를 찍으면 동영상 강좌로 이동합니다.

실전 49강
숫자놀이 4

실전 49강
숫자놀이 4

유지현의 3분중국어

유지현TV

01

중국어 숫자
0~99까지는
우리와 그 표현이 똑같다는 것,
기억하고 계시지요?

02

그러면
중국인들은
백, 천, 만, 억 등을 어떻게 표현할까요?
우리와 어떻게 다를까요?

이제
이 부분을 알아봅시다.

03

• 한국 : 백	• 한국 : 만
• 중국 : 일백	• 중국 : 일만
• 한국 : 천	• 한국 : 억
• 중국 : 일천	• 중국 : 일억

04

보통 '백, 천, 만, 억...'이라고 하면
우리 머릿속에서는 숫자가 먼저 떠오르지요?
그런데
중국은 그렇지 않아요.
중국인들은 이를 글자로 인식한답니다.

05 이게 왜 중요한가 하면
중국어 숫자 1(一)의 성조변화 때문이에요.

一는
숫자끼리 나열해 있을 땐
자기 원래 성조인 1성으로 발음하지만,
글자 앞에서는 성조가 바뀌니까요.

- -

06

· 100
   한국 : 백
   중국 : 일백 一百 yì bǎi (yī bǎi가 아니에요)

· 1,000
   한국 : 천
   중국 : 일천 一千 yì qiān (yī qiān이 아니에요)

07

· 10,000
  한국 : 만
  중국 : 일만 一万 yí wàn (yī wàn이 아니에요)

· 100,000,000
  한국 : 억
  중국 : 일억 一亿 yí yì (yī yì가 아니에요)

08

일차 숫자놀이는 여기까지입니다.
좀 더 깊이 있는 부분은
추후 진행하도록 할게요.

다음 강부터는 '조동사'를 공부합시다.
기대해 주세요.

고맙습니다.

49강
문장 만들기 연습

1 | 1,100(천백) 원

2 | 11,000(만천) 원

3 | 11,100(만천백) 원

4 | 1억3천만 원

5 | 110원

49강 문장 만들기 답안

1. 一千一百块(钱)   yì qiān yì bǎi kuài (qián)
2. 一万一千块(钱)   yí wàn yì qiān kuài (qián)
3. 一万一千一百块(钱)   yí wàn yì qiān yì bǎi kuài (qián)
4. 一亿三千万块(钱)   yí yì sān qiān wàn kuài (qián)
5. 一百一(十)块(钱)   yì bǎi yī (shí) kuài (qián)

※ QR코드를 찍으면 동영상 강좌로 이동합니다.

실전 50강
'조동사'가 뭐예요?

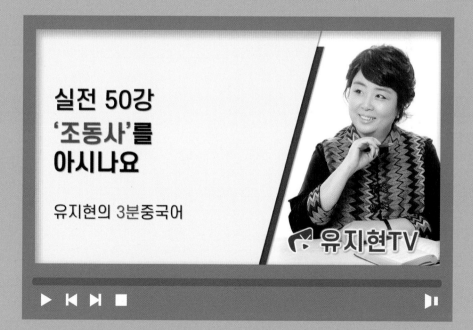

01

우리말에는 없지만,
영어 덕분에
우리에게 매우 익숙한
'조동사(助動詞)'

- -

02

조동사란?

영어의
can, will, must...와 같은
'도와주는 동사'

03

동사이긴 한데
그 단어 자체가 동작이 아니라
다른 단어의 의미를 돕는 동사,
이를
'조동사(助動詞)'라고 부른답니다.

- -

04

중국어에도 조동사가 있는데요,
중국인들은 이를 '능원동사'라고 합니다.

그럼 이제 우리
중국어의 대표적인 조동사를 살펴볼까요?

05

- ~할 것이다 (계획, 의지 등)
- ~일 것이다 (추측, 예상 등)
- ~할 수 있다
- ~할 줄 안다

06

- ~해야 한다
- ~하고 싶다
- ~할 작정이다
- ~해도 좋다

07

이러한 '조동사'는
동사나 형용사 등 서술어의 앞쪽에 위치합니다.

기억해주세요~
우리말에는 없는 조동사,
영어처럼 서술어 '앞'에 놓는다는 사실이요~

- -

08

다음 강부터는 본격적으로
조동사에 대해서
하나하나 구체적으로
알아보도록 합시다.

加油~!! Jiāyóu!! 파이팅!!

나만의 핵심노트

★ 유지현의 Easy China ★

※ QR코드를 찍으면 동영상 강좌로 이동합니다.

실전 51강
올 수 있니?

실전 51강
내일도
올 수 있어?

유지현의 3분중국어

유지현TV

01

조동사 能 néng

~할 수 있다 (can)

~해도 된다(can)

- -

02

조동사는
술어(어쩐다/어떠하다)의 앞에 둡니다.

올 수 있다	能來	Néng lái
들을 수 있다	能听	Néng tīng
먹을 수 있다	能吃	Néng chī

03

明天也能来吗? Míngtiān yě néng lái ma?

내일도 올 수 있니?

- -

04

돕다

帮	bāng
帮助	bāngzhù
帮忙	bāng / máng

도울 수 있다

能帮	néng bāng
能帮助	néng bāngzhù
能帮忙	néng bāng / máng

05

帮/忙   bāng / máng

이합사인 '帮忙'은
'동사술어 帮 + 목적어 忙'의 결합으로,

그 뒤에
별도의 목적어를 가질 수 없어요.

- -

06

나를 도울 수 있다

能帮我。(O)   Néng bāng wǒ.
能帮助我。(O)   Néng bāngzhù wǒ.

나를 도와줄 수 있어요?

能帮助我吗? (O)   Néng bāngzhù wǒ ma?

07

能帮忙我。(x)

Néng bāngmáng wǒ.

→

能帮我的忙。(o)

Néng bāng wǒ de máng.

能帮我的忙吗? (o)

Néng bāng wǒ de máng ma?

08

자, 꼭 기억해주세요.

~할 수 있다...라는 표현은
동사 앞에 能 néng 만 붙이면 됩니다. ^ ^

51강
문장 만들기 연습

1 지금도 그 음식을 만들 수 있어요?

2 영화 보러 갈 수가 없어.

3 그에게 선물을 줄 수 있지요?

4 비가 와서 공원에 산책 갈 수 없지?

5 나 내일은 그를 도우러 갈 수 있어, 넌?

51강 문장 만들기 답안

1. 现在也能做那个菜吗?   Xiànzài yě néng zuò nà ge cài ma?
2. 不能去看电影。   Bù néng qù kàn diànyǐng.
3. 能给他礼物吧?   Néng gěi tā lǐwù ba?
4. 下雨了，不能去公园散步吧?   Xià yǔ le, bù néng qù gōngyuán sàn bù ba?
5. 我明天能去帮他，你呢?   Wǒ míngtiān néng qù bāng tā, nǐ ne?

유지현의 Easy China

※ QR코드를 찍으면 동영상 강좌로 이동합니다.

실전 52강
운전할 줄 알아?

실전 52강
운전
할 줄 알아?

유지현의 3분중국어

유지현TV

01

조동사 会 huì

(배워서, 학습을 통해서) ~할 줄 안다

- -

02

开   kāi

운전하다

开车   kāi chē

차를 운전하다

你会开车吗?   Nǐ huì kāi chē ma?

너 (차를) 운전할 줄 아니?

03

我会开车，现在不能开车。

Wǒ huì kāi chē, xiànzài bù néng kāi chē

나 운전할 줄 아는데, 지금은 운전할 수가 없어.

04

现在我很累，不能开车。

Xiànzài wǒ hěn lèi, bù néng kāi chē

지금 나 피곤해서 운전할 수가 없어(= 운전 못 해).

05

会说汉语吗?　　Huì shuō Hànyǔ ma?

중국어를 할 줄 압니까?

会。　　Huì

할 줄 알아요.

不会。　　Bú huì

할 줄 몰라요.

06

会不会说汉语?　　Huì bu huì shuō Hànyǔ?

중국어 할 줄 알아 몰라?

07

我会游泳，(我)能教你。

Wǒ huì yóu yǒng, (wǒ) néng jiāo nǐ.

나 수영할 줄 알아. (내가) 널 가르쳐줄 수 있어.

08

배워서 무엇인가 할 줄 알게 되었을 때는

会 huì (~할 줄 안다)

정황상 뭔가를 할 수 있을 때나
능력이 있을 때는

能 néng (~할 수 있다)

이 두 가지 조동사를 잘 구분해서 사용해 주세요.

52강
문장 만들기 연습

1 중국음식 할 줄 아세요?

2 알아요. 당신은요?

3 저도 할 줄 알아요.

4 저를 가르쳐 줄 수 있으세요?

5 당연하죠, 가르쳐드릴 수 있어요.

52강 문장 만들기 답안

1. 会做中国菜吗?   Huì zuò Zhōngguó cài ma?
2. 会，你呢?   Huì, nǐ ne?
3. 我也会。   Wǒ yě huì.
4. 能教我吗?   Néng jiāo wǒ ma?
5. 当然，(我)能教你。   Dāngrán, (Wǒ) néng jiāo nǐ.

유지현의 Easy China

※ QR코드를 찍으면 동영상 강좌로 이동합니다.

실전 53강
넌 뭘 사고 싶니?

실전 53강
**넌 무엇을
사고 싶니?**

유지현의 3분중국어

유지현TV

01

영어와 달리
중국어에는
조동사로만 사용되는
글자(한자)는 없어요.

동사나 형용사가
상황에 따라 조동사로도
쓰이는 것입니다.

02

想 xiǎng

동사 : 생각하다/그리워하다/보고 싶다

조동사 : ~하고 싶다/ ~할 생각이다

03

동사 想

我想她。   Wǒ xiǎng tā.

나는 그녀를 생각해요(그리워해요).

(= 난 그녀가 그리워요.)

(= 난 그녀가 보고 싶어요.)

04

조동사 想

我想见她。   Wǒ xiǎng jiàn tā.

나는 그녀를 만나고 싶어요.

05

妈妈想买这个。 Māma xiǎng mǎi zhè ge.

엄마는 이걸 사고 싶어요.

爸爸想喝那个。 Bàba xiǎng hē nà ge.

아빠는 저걸 마시고 싶어요.

06

姐姐不想来这儿。 Jiějie bù xiǎng lái zhèr.

누나는 여기 오고 싶지 않아요.

哥哥不想在那儿。 Gēge bù xiǎng zài nàr.

형은 거기 있고 싶지 않아요.

넌 뭘 사고 싶니?

07

你想不想去那儿? Nǐ xiǎng bu xiǎng qù nàr?

넌 저기 가고 싶니 아니니?

你们想做什么? Nǐmen xiǎng zuò shénme?

너흰 뭘 하고 싶니?

08

你想帮(助)谁? Nǐ xiǎng bāng(zhù) shuí(=shéi)?

넌 누구를 돕고 싶니?

我想帮(助)大家。 Wǒ xiǎng bāng(zhù) dàjiā.

난 모두를 돕고 싶어.

문장 만들기 연습

---

1 너 무슨 생각해?(너 무엇을 생각하니?)

---

2 나 널 생각해(나 네가 보고 싶어).

---

3 그녀는 그 친구를 돕고 싶어 해요.

---

4 내일은 무얼 보고 싶니?

---

5 오늘은 밥을 하고 싶지 않아(밥하기 싫어).

53강 문장 만들기 답안

---

1. 你想什么?　　　　Nǐ xiǎng shénme?
2. 我想你。　　　　　Wǒ xiǎng nǐ.
3. 她想帮那个朋友。　Tā xiǎng bāng nà ge péngyou.
4. 明天(你)想看什么?　Míngtiān (nǐ) xiǎng kàn shénme?
5. 今天不想做饭。　　Jīntiān bù xiǎng zuò fàn.

★ 유지현의 Easy China ★

※ QR코드를 찍으면 동영상 강좌로 이동합니다.

실전 54강
너 그거 알아 몰라?

실전 54강
반복의문문

유지현의 3분중국어

유지현TV

01

의문문 4종 세트

1. 吗? ma? 의문문
2. 의문사 의문문
3. 반복의문문 (정반의문문)
4. 선택의문문 (还是 háishi)

02

동사나 형용사를 '긍정 + 부정'형식으로 반복하는
'반복의문문(또는 정반의문문이라고도 부릅니다)' 역시
'의문사 의문문'과 마찬가지로
문장 끝에 '吗 ma'를 붙이지 않아요.

03

동사나 형용사를 '긍정+부정'형으로 나열하면
의문문이 된다는 것을
중국인들은 이미 알고 있기 때문입니다.

(반복의문문에 쓰이는 不 bù / bú는 경성 처리합니다.)

04

忙不忙?   Máng bu máng?

바빠 안 바빠?

好不好?   Hǎo bu hǎo?

좋아 안 좋아?

05

来不来?　　　Lái bu lái?
오니 안 오니?

看不看书?　　Kàn bu kàn shū?
책을 보니 안 보니?

06

他们是不是学生?
Tāmen shì bu shì xuésheng?
그들이 학생이니 아니니?

爸爸在不在家?　Bàba zài bu zài jiā?
아빠 집에 계시니 안 계시니?

你有没有钱?　　Nǐ yǒu méi yǒu qián?
너 돈 있어 없어?

她喜(欢)不喜欢看书?

Tā xǐ(huan) bu xǐhuan kàn shū?

그녀는 책 보는 걸 좋아하니 좋아하지 않니?

- 여기서 잠깐만요~ ^^

위 '喜欢 xǐhuan'처럼 두 글자 동사나 형용사는
반복되는 앞 단어의 뒷 글자를 주로 생략합니다.

她喜不喜欢看书? Tā xǐ bu xǐhuan kàn shū?

예쁘니 안 예쁘니? 漂(亮)不漂亮?

Piàoliang bu piàoliang? (0)

Piào bu piàoliang? (0)

너 그거 알아? 몰라? 你知(道)不知道那个?

Nǐ zhīdao bu zhīdao nà ge? (0)

Nǐ zhī bu zhīdao nà ge? (0)

54강
문장 만들기 연습

1 지금 넌 기쁘니? 안 기쁘니?

2 이걸 먹고 싶니? 먹고 싶지 않니?

3 저 꼬마가 말할 줄 알아? 몰라?

4 내일 거기에 갈 수 있어요? 없어요?

5 전 내일은 못 가요. 오늘 갈 수 있어요.

* 말하다   说   shuō
   꼬마   小朋友   xiǎopéngyou

54강 문장 만들기 답안

1. 现在你高(兴)不高兴?   Xiànzài nǐ gāo(xìng) bu gāoxìng?
2. 想不想吃这个?   Xiǎng bu xiǎng chī zhè ge?
3. 那个小朋友会不会说?   Nà ge xiǎo péngyou huì bu huì shuō?
4. 明天能不能去那儿?   Míngtiān néng bu néng qù nàli?
5. 我明天不能去，今天能去。   Wǒ míngtiān bù néng qù, jīntiān néng qu.

유지현의 Easy China

실전 55강
그거 팔 거니?

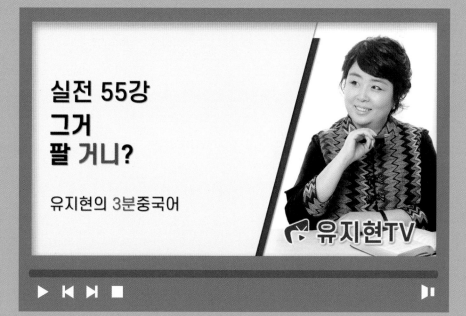

01

동사 要 yào / yāo

1) 원하다 yào

2) 요구하다 yāo (**要求** yāoqiú)

02

你要什么?　　　Nǐ yào shénme?

너 뭘 원하니?

我要你的钱。　　Wǒ yào nǐ de qián.

난 너의 돈을 원해.

03

要求回答　　　yāoqiú huídá

대답을 요구하다.

严格要求　　　yángé yāoqiú

엄격히 요구하다.

04

조동사 **要** yào

1) ~할 것이다(will 계획 / 의지)

我要去北京。　Wǒ yào qù Běijīng.

난 베이징에 갈 거야.

你要不要去?　Nǐ yào bu yào qù?

넌 갈 거니? 안 갈 거니?

05

你要不要吃这个? Nǐ yào bu yào chī zhè ge?

너 이거 먹을 거야? 안 먹을 거야?

我一定要吃这个。 Wǒ yídìng yào chī zhè ge.

난 이걸 꼭 먹을 거야.

(*반드시, 필히, 꼭, 분명히 一定 yídìng)

06

조동사 要 yào

2) ~해야 한다(must 당위성)

→ 'must'에 해당하는 조동사 要는

다음 시간에 다루도록 하겠습니다. ^^

07

你要买什么? 要买我的吗?

(Nǐ) yào mǎi shénme? Yào mǎi wǒ de ma?

당신 뭘 사실 겁니까? 내 것을 살 거예요?

我不买那个。 一定要买这个。

Wǒ bù mǎi nà ge. Yídìng yào mǎi zhè ge.

저는 그거 안 사요. 반드시 이걸 살 거예요.

08

明天我们一定要再来这儿。

Míngtiān wǒmen yídìng yào zài lái zhèr.

내일 우린 꼭 여길 다시 올 거예요.

不去那儿。　　Bú qùnàr.

저긴 안 갑니다.

那儿不卖这个。　Nàr bú mài zhè ge.

거긴 이걸 안 팔아요.

55강
문장 만들기 연습

1	우린 이걸 원해요.

2	당신의 요구는 무엇입니까?

3	당신은 언제 그녀를 만날 건가요?

4	저 내일은 그녈 꼭 만날 거예요.

5	난 내년에 꼭 중국에 여행을 갈 거예요.

55강 문장 만들기 답안

1. 我们要这个。 Wǒmen yào zhè ge.
2. 你的要求是什么? Nǐ de yāoqiú shì shénme?
3. 你什么时候要见她? Nǐ shénme shíhou yào jiàn ta?
4. 我明天一定要见她。 Wǒ míngtiān yídìng yào jiàn tā.
5. 我明年一定要去中国旅游。 Wǒ míngnián yídìng yào qù Zhōngguó lǚyóu.

유지현의 Easy China

※ QR코드를 찍으면 동영상 강좌로 이동합니다.

실전 56강
내일은 돌아와야 해

01

조동사 要 yào

1) ~할 것이다 will
*2) ~해야 한다 must

02

~해야 한다/~하지 않으면 안 된다

要	yào
应该	yīnggāi
该	gāi
得	děi

03

너희들 내일은 돌아와야 해(돌아오지 않으면 안 돼).

你们明天要回来。
Nǐmen míngtiān yào huí lái.

你们明天应该回来。
Nǐmen míngtiān yīnggāi huí lái.

- -

04

이 학생은 오늘 공부해야 해(공부하지 않으면 안 돼).

这个学生今天应该学习。
Zhè ge xuésheng jīntiān yīnggāi xuéxí.

这个学生今天得学习。
Zhè ge xuésheng jīntiān děi xuéxí.

05

오전에는 여기 있어야 해(여기 있지 않으면 안 돼).

上午我们得在这儿。
Shàngwǔ wǒmen děi zài zhèr.

上午我们该在这儿。
Shàngwǔ wǒmen gāi zài zhèr.

06

여동생은 지금 숙제해야 해요(숙제하지 않으면 안 돼요).

妹妹现在该做作业。
Mèimei xiànzài gāi zuò zuòyè.

妹妹现在要做作业。
Mèimei xiànzài yào zuò zuòyè.

07

明年我们一定要学汉语。

Míngnián wǒmen yídìng yào xué Hànyǔ.

① 내년에 우린 중국어를 꼭 배울 거예요. (O)
② 내년에 우린 중국어를 꼭 배워야 해요. (O)

- -

08

자, 그러면
'~해야 한다'의 부정형은 무엇일까요?
'~하지 말아야 한다' 일까요?

다음 강의에선
이에 대해 알아보도록 하겠습니다.

56강
문장 만들기 연습

1 당신은 오늘 그녀를 꼭 만나야 해요.

2 내가 거길 가야 합니까?

3 왜 꼭 가야 하나요?

4 매일 저녁에 넌 반드시 이걸 먹어야 해.

5 내가 지금 뭘 해야 하죠?

56강 문장 만들기 답안

1. 你今天一定要见她。　　　　　Nǐ jīntiān yídìng yào jiàn ta.
2. 我要去那儿吗?　　　　　　　Wǒ yào qù nàr ma?
3. 为什么一定要去?　　　　　　Wèi shénme yídìng yào qù?
4. 每天晚上你应该吃这个。　　　Měitiān wǎnshang nǐ yīnggāi chī zhè ge.
5. 我现在得做什么?　　　　　　Wǒ xiànzài děi zuò shénme?

유지현의 Easy China

실전 57강

오늘은 공부하지 않아도 돼.

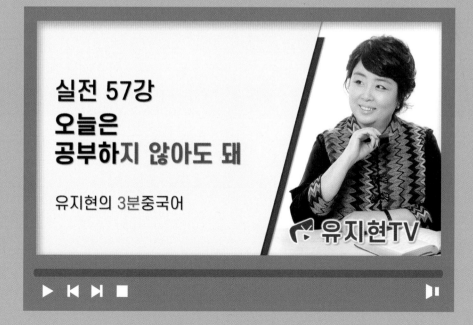

01

지금까지 우리가 배운 부정문 형태는
부정하려는 단어 앞에
不 bù / bú(~않다)나
没 méi (~하지 않았다),
別 bié(~하지 마라)를
놓기만 하면 되었지요?

02

그런데 오늘 다룰
'~해야 한다'의 부정은
좀 다릅니다.

자, 우리 한 번 생각해 봅시다.
'~해야 한다'의 부정은 무엇일까요?

03

'~하지 말아야 해'일까요?
그렇지 않습니다.

'~해야 한다'의 부정은
'~하지 않아도 돼 / ~할 필요 없어'입니다.

- -

04

'~하지 않아도 돼 / ~할 필요 없어.'는
중국어로
不用 búyòng입니다.

05

A : 谢谢。   Xièxie.

B : – 不用谢。   Bú yòng xiè.
     – 不谢。   Bú xiè.
     – 不客气。   Bú kèqi.

06

A : 今天要学习吗?   Jīntiān yào xuéxí ma?

오늘 공부해야 해?

B : – 要学习。   Yào xuéxí.

공부해야 해.

     – 不用学习。   Bú yòng xuéxí.

공부하지 않아도 돼.

07

A: 我们得做作业吗?　　Wǒmen děi zuò zuòyè ma?

우리 숙제해야 하나요?

B: － 现在得做作业。　　Xiànzài děi zuò zuòyè.

지금은 숙제해야 해.

－ 现在不用做作业。

Xiànzài bú yòng zuò zuòyè.

지금은 숙제할 필요 없어.

08

A: 应该回来吗?　　Yīnggāi huí lái ma?

돌아와야 해요?

B: － 今天应该回来。　　Jīntiān yīnggāi huí lái.

오늘은 돌아와야 해(돌아오지 않으면 안 돼).

－ 今天不用回来。　　Jīntiān bú yòng huí lái.

오늘은 돌아오지 않아도 돼.

57강
문장 만들기 연습

1 | 지금 자야 해?

2 | 안 자도 돼.

3 | 나 운동하지 않으면 안 돼?

4 | 운동하지 않아도 돼, 쉬어.

5 | 올해는 중국어 배우지 않아도 돼.

57강 문장 만들기 답안

1. 现在要睡(觉)吗?   Xiànzài yào shuì (jiào) ma?
2. 不用睡(觉)。   Bú yòng shuì (jiào).
3. 我应该(做)运动吗?   Wǒ yīnggāi (zuò) yùndòng ma?
4. 不用(做)运动。   Bú yòng (zuò) yùndòng, xiūxi ba.
5. 今年不用学汉语。   Jīnnián bú yòng xué Hànyǔ.

★ 유지현의 Easy China ★

실전 58강

거긴 비가 올 거야.

실전 58강
거긴
비가 올 거야

유지현의 3분중국어

유지현TV

01

조동사 会 huì

1) (배워서)~할 줄 알다

⟷ ~할 줄 모른다, ~ 못 한다

2) ~일 것이다(추측) ⟷ ~일 리 없다, ~이지 않을 것이다

02

A : 会游泳吗?   Huì yóu yǒng ma?

수영할 줄 아니?

B : – 会游泳。   Huì yóu yǒng.

수영할 줄 알아.

– 不会游泳。   Bú huì yóu yǒng.

수영할 줄 몰라.

03

明天会更好。　　Míngtiān huì gèng hǎo.

내일은 더 좋아질 거야.

明天一定会更好。　Míngtiān yídìng huì gèng hǎo.

내일은 분명 더 좋아질 것이다.

04

他们会回来。　　　Tāmen huì huí lái.

그들은 돌아올 거야.

他们不会回来。　　Tāmen bú huì huí lái.

그들은 돌아오지 않을 거야(그들이 돌아올 리 없어).

05

你会喜欢这个。   Nǐ huì xǐhuan zhè ge.

넌 이걸 좋아할 거야.

你不会喜欢这个。 Nǐ bú huì xǐhuan zhè ge.

네가 이걸 좋아할 리 없어(넌 이걸 좋아하지 않을 거야).

- -

06

中国人不会喜欢 '四'。

Zhōngguórén bú huì xǐhuan 'sì'.

중국인들이 '4'를 좋아할 리 없어

(중국인들은 '4'를 좋아하지 않을 거야).

07

这个不会那么贵。 Zhè ge bú huì nàme guì.

이게 그렇게 비쌀 리가 없어(이건 그렇게 비싸지 않을 거야).

* **那么** nàme 그렇게, 저렇게/그런, 저런

08

조동사는 일차로 이렇게 마무리하고

다음 강부터는

'전치사(중국인들은 이를 '개사'라고 부릅니다)'에 대해서

살펴보도록 하겠습니다.

기대해주세요~!!

전치사도 아주 중요하고 재미있거든요.

58강
문장 만들기 연습

1 그녀는 안 올 리가 없어, 꼭 올 거야.

2 우린 영원히 그를 잊지 못할 거야(잊을 리 없어).

3 지금의 그가 앞으로 더 좋아질 리는 없어.

4 내일은 분명 비가 올 거야.

5 여긴 내년에 더 좋아질 거야.

* 잊다   忘记   wàngjì
   영원하다   永远   yǒngyuǎn

58강 문장 만들기 답안

1. 她不会不来，一定会来。   Tā bú huì bù lái, yídìng huì lái.
2. 我们永远不会忘记他。   Wǒmen yǒngyuǎn bú huì wàngjì ta.
3. 现在的他不会更好。   Xiànzai de tā bú huì gèng hǎo.
4. 明天一定会下雨。   Míngtiān yídìng huì xià yǔ.
5. 这儿明年会更好。   Zhèr míngnián huì gèng hǎo.

유지현의 Easy China

※ QR코드를 찍으면 동영상 강좌로 이동합니다.

실전 59강
전치사를 아시나요?

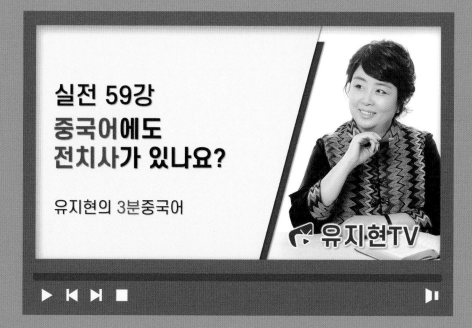

실전 59강
중국어에도
전치사가 있나요?

유지현의 3분중국어

유지현TV

01

조동사와 마찬가지로
'전치사'도 우리말에는 없어요.

그런데
'전치사'라는 단어,
우리에게 매우 익숙하지요? 왜 그럴까요?

02

전치사 역시
우리가 영어를 배우면서
많이 듣고 보고 배웠기 때문이에요.

to, on, in, at, from, for, of, with.....
이런 단어들을 '전치사'라고 하지요?

03

전치사 그 자체만으로 혼자서는 힘이 없지만,

그 뒤에 명사를 데리고 '전치사구' 형태가 되는 순간

날개를 답니다.

이 '전치사구'를 중국에선 '개사구' 또는 '개사결구'라고 불러요.

04

그럼

우리말에는 전치사가 왜 없을까요?

우리말에서는 대부분 '조사'가 이를 대신합니다.

05

1) 전치사구 '집에서'

한국어로 집'은 명사, '에서'는 '조사'입니다.
- 중국어로 '~에서'는 전치사예요.

2) 전치사구 '북경으로부터'

한국어로 '북경(BeiJing)'은 명사, '으로부터'는 조사입니다.
- 중국어로 '~으로부터'는 전치사예요.

06

3) 전치사구 '너에게'

한국어로 '너'는 대명사(명사를 대신 부르는 품사),
에게'는 조사입니다.
- 중국어로 '~에게'는 전치사예요.

4) 전치사구 '그녀와'

한국어로 '그녀'는 대명사, '와'는 조사
- 중국어로 '~와'는 전치사예요.

07

여기서 우리가 반드시 주의해야 할 점!!

'집에서'를 중국어로는 '~에서 + 집(at home)'으로,
'북경으로부터'는 '~으로부터 + 북경(from Beijing)'으로,
'너에게'는 '~에게 + 너(to you)'로,
'그녀와'는 '~와 + 그녀(with her)'로 씁니다.

왜요? 우리말에 없는 전치사는 영어처럼,

영어의 전치사구 놓듯이 놓는 것이죠.

08

그리고 또 하나의 주의사항!!

영어를 잘 하는 사람들이 정말 많이 하는 실수!

* 중국어의 전치사구는
  영어처럼 문장 맨 뒤에 놓는 것이 아니라
  우리말 순서와 똑같은 위치에 놓아야 합니다.

  예를 들어
  '집에서 쉰다'는 중국어로도
  '집에서(~에서 + 집) 쉰다'가 되고
  '너에게 말한다'는 중국어로도
  '너에게(~에게 + 너) 말한다'가 됩니다.

우리말 순서와 똑같지요?!! ^^

문장 만들기 연습
*한국어 단어로 중국어 어순에 맞게 나열해 주세요.

1 너희는 오늘 이곳에서 쉬어라.

2 내일 그녀가 어디에서 출발합니까?

3 지금 중국어선생님께서 학생들에게 말씀하십니다.

4 나는 그녀와 함께 영화를 보러 갑니다.

5 우리 내일 어디서 그들과 만날까요?

* 쉬다　休息　xiūxi

59강 문장 만들기 답안

---

1. 너희-오늘-(~에서+이곳)-쉬다-ba!
2. 내일-그녀-(~로부터+어디)-출발하다?
3. 지금-중국어선생님-(~에게+학생)-말하다.
4. 나-(~와+그녀)-함께-가다-보다-영화.
5. 우리-내일-(~에서+어디)-(~와+그들)-만나다-ma?

유지현의 Easy China

※ QR코드를 찍으면 동영상 강좌로 이동합니다.

실전 60강

우리 집에 있자,
집에서 놀자! ^ ^

실전 60강
우리 집에 있자,
집에서 놀자!

유지현의 3분중국어

유지현TV

01

지금까지 우리가 알고 있는
'在 zài'는
'~에 있다'라는 뜻을 가진
동사, 그 중에서도 특수동사였어요.

02

그런데 이 '在'가
상황에 따라 '동사'가 아닌
'전치사'로도
사용될 수 있습니다.

한 단어가 하나의 품사로만 사용되는 우리말과는 달리,
중국어는 한 단어가 여러 가지 품사로 폭넓게 쓰입니다.
예) 爱 ài ┌ 동사 : 사랑하다
        └ 명사 : 사랑

03

그렇다면 과연
在가 언제 동사로 쓰이고
언제 전치사가 되는지 알아야겠지요?

이 둘의 구분은
아주 간단합니다.

04

在 뒤에 '장소'만 오고 문장이 끝나면
이때 在는
동사 '~에 있다'라는 뜻이며,

在와 '장소' 뒤에 또 다른 동작이 오면
이때의 在는
전치사로 쓰인 것이에요.

05

예를 들어 볼까요?

他在家。 　　　Tā zài jiā.

이 문장은
在 뒤에 '家(집)'라는 장소가 오고 문장이 끝났네요.
이때 '在'는 동사(~에 있다)로 쓰인 거예요.

: 그는 집에 있다.

06

他在家做什么? Tā Zài jiā zuò shénme?

이 문장은
在 뒤에 '家'(장소)가 오고
또 그 뒤에 '做 zuo(~를 하다)'라는 동작이 왔네요.
이때 '在'는 전치사(~에서)로 사용된 것입니다.

그가 집에서 뭘 합니까?

07 在哪儿休息?　　Zài nǎr xiūxi?

어디서 쉽니까?

在家休息。　　Zài jiā xiūxi.

집에서 쉽니다.

明天我们在哪儿见?　Míngtiān wǒmen zài nǎr jiàn?

내일 우리 어디서 만날까요?

在这儿见吧!　　Zài zhèr jiàn ba!

여기서 만납시다.

08 자, 기억해주세요~!

- 동사 在 : ~에 있다 (在 뒤에 장소만 있을 경우)

예) 你朋友在家吗?　　Nǐ péngyou zài jiā ma?

네 친구 집에 있니?

- 전치사 在 : ~에서

(在 뒤에 장소가 오고, 그 뒤에 또 동사가 올 경우)

예) 他在家学习汉语。　　Tā zài jiā xuéxí Hànyǔ.

그는 집에서 중국어를 공부합니다.

60강
문장 만들기 연습

1 너 어디서 공부해?

2 나 교실에서 공부해.

3 그래? 난 도서관에서 공부해.

4 매일 당신은 거기서 뭘 하세요?

5 여기서 중국어 배워요.

* 교실   教室   jiàoshì
  도서관   图书馆   túshūguǎn
  매일   每天   měitiān

60강 문장 만들기 답안

1. 你在哪儿学习?   Nǐ zài nǎr xuéxí?
2. 我在教室(里)学习。   Wǒ zài jiàoshì(li) xuéxí.
3. 是吗? 我在图书馆学习。   Shì ma? Wǒ zài túshūguǎn xuéxí.
4. 每天你在那儿做什么?   Měitiān nǐ zài nàr zuò shénme?
5. 在这儿学汉语。   Zài zhèr xué Hànyǔ.

중국어야, 고맙다!

친절하고 명랑한, 공부 빼고는 뭐든 잘 하던 호기심 가득한 예쁜 여자아이는
어려서부터 막연히 대학교수가 되는 것이 꿈이었습니다. 점수에 맞춰 당시 지방
삼류대학이라고 부르는 곳의 중문과에 들어간 아이는 중국어를 전공하게 됐으니
당연히 중국어 교수가 될 거라고 생각합니다.

동아리 활동, 총학생회 활동 등 다양한 대학생활 중 전공수업시간에 과제로 받은 강의
발표를 하면 '발표란 자고로 이렇게 하는 거라는 모범 답안을 보여줬다'며 '역대 최고의
발표'라는 과분한 칭찬을 담당교수께 받는가 하면 대학 4학년 시절 호기심에 나가 본
학술대회에선 뜻밖의 대상을 받기도 하면서 가르치고 발표하고 하는 일련의 일들이
내가 좋아하고 내게 잘 어울리고 내가 잘 할 수 있는 일임을 알게 됩니다.

대학원 졸업 무렵에는 지도교수 추천으로 출신대학 1호 대학 강사로서 한 대학
중문학과에 출강하게 되었습니다. 훗날 어려서부터 꿈꾸던 교수('겸임교수'이긴 하지
만)도 되었지요. 중국어 관련 특허도 냈답니다!

중국어라곤 방학을 이용해 나가는 해외연수가 전부였던 그녀는 대학원 졸업반 무렵이
되어서야 비로소 부랴부랴 본격적인 중국어 공부를 합니다.

막상 중국어의 세계에 풍덩 빠져서 보니, 이 중국어라는 친구는 나 같은 게으름뱅이가

배우기에는 세상에 둘도 없는 언어였습니다. 외국어 배울 때 귀찮고 힘들고 짜증나던 모든 문법사항들은 전혀 존재하지 않았으며 발음과 4가지 성조(글자마다의 높낮이)를 해결하고 보니 중국어라는 친구는 그야말로 누워서 떡 먹기보다도 훨씬 더 쉽고 간단한, 매력 넘치는 녀석임을 발견하게 됐죠. 마치 신대륙을 발견한 듯, 온 세상을 다 얻은 것 같은, 말로 표현하기 힘든 기쁨을 느꼈지요.

그리곤 결심했습니다.

중국어는 어렵고, 그래서 배우기에 어렵다는, 이 땅에 팽배한 중국어에 대한 잘못된 편견을 깨주고 제대로 배우기만 한다면 중국어는 한국인이 배우기에 가장 쉬운 외국어임을 내가, 나 유지현이 세상에 알려야겠다고!

나는 대한민국 최고의 중국어 강사가 되어 중국어를 배우고자 하는 이들이 쉽고 재미있게, 내가 공부한 방법으로 중국어를 배우게 하겠다고!

'유지현나라'는 오픈과 동시에 문전성시를 이루며 승승장구 해나갔고 대기자 수가 두 자리를 넘어서는 사태가 벌어지면서 뭔가 해결책을 모색하던 중,

언제 어디서 누구나, 365일 24시간, 시간과 장소에 구애받지 않고 중국어를 배울 수 있는 인터넷 동영상 강의에 눈을 돌리게 되었고 동영상 강의 역시 오픈 2개월 만에 국내 중국어교육부문 1위를 차지하면서 입소문이 퍼져나가기 시작했습니다.

'유지현나라'의 특징인 '나만 혼자 알고 싶은 강좌', '가족에게만 소개하는 강좌', '남에겐 절대로 알려주지 않는 강좌'는 이렇게 하여 세상에 나오게 되었고, 이로써 인터넷을 연결하기만 하면 내 강의를 듣고자 하는 그 누구든 나의 중국어강의를 들을 수 있게 되었습니다.

전국 각지, 아니 미국, 중국, 캐나다, 호주 등 여러 나라에서 어떻게들 알고 오시는지 많은 분들이 유지현 강사의 강의를 듣기 위해 사이트를 방문해 주셨고 '대한민국

전 국민, 중국어에 대한 편견 없애기' 프로젝트의 일환으로 제작해 보급한 저의 100%
무료 중국어 동영상 사이트 '이지차이나'를 보신 많은 분들이 일면식도 없는 제게
중국어 하나 제대로 잘 가르쳐 드렸다는 이유 하나만으로 남녀노소, 지위고하,
도시농촌을 가리지 않고 감동의 후기를 남겨주셨습니다.

세상을 다 얻었다는 칭찬의 글, 절망의 끝에서 인생역전의 기회가 되었다는 감사의 글,
70평생 이런 강의는 어디서도 들어보지 못했다고, 이런 선생을 어릴 적에 만났더라면
인생이 달라졌을 거라는 감동의 글을 보내기도 해주셨습니다.

중국어를 가르치는 사람이라면 무조건 유지현 선생님 강의를 우선 듣고 학생을
가르쳐야 한다는 현직 중국어 교사의 글을 읽으며 일종의 막중한 사명감도 다시금
되새겼고, 산골에 사는 장애인이라고 밝히신 분은 부모도 해주지 못한 일을 유지현
선생님이 해주었다고 눈물의 후기를 적어주셨고요,

왜 이제야 이런 강의를 알게 했냐고, 왜 더 널리 알리지 않느냐고, 누구나 알 수 있고
볼 수 있고 찾을 수 있도록 부지런히 광고를 더 해주셔야 되는 거 아니냐는 원망 섞인
후기도 받았습니다.

처음부터 유지현 선생님 강의로 중국어를 시작하게 된 사람은 '전생에 나라를 구한
행운아'라는 농담 같은 말씀에 어깨 으쓱이면서도 더 많이 겸손해져야 겠다고 다짐도
하였습니다.

이러한 진심이 가득 담긴 한 분 한 분의 강좌후기는 저를 더욱 바짝 긴장하고 정신
차리게 해 주시는 보약이고 당근이고 채찍질이 되어 조금 더 쉽게, 조금 더 재밌게'를
제 뇌리에서 떠나지 않게 해주었습니다.

그러면서 불현듯 이런 생각을 하게 되었습니다. '스스로 찾아와주시는 분께 최고의
강의로 보답하는 것도 매우 중요하겠으나 이제 내가 먼저 앞장서서 '유지현이라는
사람의 이런 방식의 중국어 강의가 있음'을 미리 알려드림으로써 중국어를 배우고자

하시는 관심 있는 분들이 처음부터 중국어의 첫 단추를 올바로 낄 수 있도록
도와드리는 것이야 말로 많은 분들의 불필요한 시간과 비용과 노력을 덜어 드리고
가장 안전한 방법으로 가장 빨리, 가장 올바르게, 가장 쉽고 재미있게 지름길을 찾아
중국어와 진정한 친구가 되게 해드리는 것'이라고...
그리하여 저 유지현이 '이지차이나 3분중국어'의 《내 생애 첫 중국어》 시리즈를 가지고
이렇게 여러분을 직접 찾아뵙게 되었습니다.

여러분의 행운을 빕니다.

2020년 12월
겨울 해운대 바다를 내려보며,
액스더스카이 100층 라운지에서...
게으른 욕심쟁이 중국어 강사 유지현

부록
HSK 1, 2급 총 300개 어휘

알려 드립니다

1. 이합사(동사술어+목적어 구조)는 중국어 부분에 ' / '로 표시, 동사술어 + 보어 구조
   는 중국어 부분에 ' // '로 표시했습니다.
2. 중국어는 한 단어가 여러 품사로 사용 가능합니다. 여러 가지 품사로 해석되는 단
   어 가운데 1, 2급에서 알아야 할 품사는 한국어 부분에 각각 ' // '로 표시하여 구분
   합니다.

1. 动词   1. 동사 --'어쩐다'에 해당

xièxie	谢谢	고맙습니다
bú_kèqi	不_客气	별 말씀을요. 천만에요.
*(bù/bú	不	~않다
kèqi	客气	예의바르다, 겸손하다)
zài_jiàn	再_见	또 만납시다(헤어질 때 인사)
*(zài	再	다시, 또, 재차
jiàn	见	만나다)
qǐng	请	~해 주십시오
duì//buqǐ	对//不起	미안합니다, 죄송합니다.
méi_guānxi	没_关系	괜찮아요, 상관없어요.
*(méi	没	~이 없다/ ~하지 않았다
guānxi	关系	관계)
huānyíng	欢迎	환영하다, 어서 오십시오.
shì	是	~이다
yǒu	有	~가(이) 있다
zài	在	~에 있다
kàn	看	보다
tīng	听	듣다
shuō/huà	说/话	말을 하다
*(shuō	说	말하다

huà	话	말)
dú	读	읽다
xiě	写	쓰다
kàn//jiàn	看//见	보이다
tīng//jiàn	听//见	들리다
jiào	叫	부르다, ~라고 부르다
lái	来	~에 오다
huí	回	~에 돌아오다, 돌아가다
qù	去	~에 가다
chī	吃	먹다
hē	喝	마시다
shuì/jiào	睡/觉	잠을 자다
*(shuì	睡	자다
jiào	觉	잠)
dǎ/diànhuà	打/电话	전화를 걸다
*(dǎ	打	걸다, 때리다, 치다, on하다
diànhuà	电话	전화)
zuò/mǎimai	做/买卖	장사를 하다
*(zuò	做	~을 하다
mǎi	买	사다
mài	卖	팔다)
kāi	开	(문을)열다/(차를)운전하다
zuò	坐	앉다/(차 등에)타다

zhù	住	~에 살다
xuéxí	学习	공부하다// 공부, 학습
gōngzuò	工作	일하다// 일
xià/yǔ	下/雨	비가 내리다
*(xià	下	내리다/(수업 등을)마치다// 아래
yǔ	雨	비)
wèn	问	질문하다, 묻다
zǒu	走	걷다/가다(그 장소를 떠나다)/떠나다
jìn	进	들어오다, 들어가다
chū	出	나오다, 나가다
zhǎng	长	자라다, 성장하다, 나다, 생기다
pǎo/bù	跑/步	달리기를 하다
*(pǎo	跑	달리다
bù	步	걸음, 보폭)
dào	到	도착하다// ~까지
chuān	穿	(옷을)입다, (신발을)신다
xǐ	洗	씻다,(옷 등을)빨다
gěi	给	(~에게 ~을)주다// ~에게 (~해주다)
zhǎo	找	찾다/(~에게 ~를)거슬러주다
dǒng	懂	알다, 이해하다
xiào	笑	웃다
huídá	回答	대답하다
gàosu	告诉	(~에게 ~을)알리다

zhǔnbèi	准备	준비하다/ ~하려고 하다,~할 작정이다
kāishǐ	开始	시작하다
jièshào	介绍	소개하다
bāngzhù	帮助	돕다
wánr	玩儿	놀다
sòng	送	(~에게 ~을)보내다, 배웅하다
děng	等	기다리다
ràng	让	~를 ~하게 하다,~에게 ~하도록 시키다
qǐ/chuáng	起/床	기상하다, (잠자리에서)일어나다
*(qǐ	起	일어나다
chuáng	床	침대)
chàng/gēr	唱/歌儿	노래를 부르다
*(chàng	唱	부르다
gēr	歌儿	노래)
tiào/wǔ	跳/舞	춤을 추다
*(tiào	跳	도약하다, 껑충 뛰다, 튀어 오르다
wǔ	舞	춤)
lǚ/yóu	旅/游	여행을 하다, 관광을 하다
*(lǚ	旅	여행하다
yóu	游	헤엄치다, 떠돌다, 유람하다)
shàng/bān	上/班	출근을 하다
*(shàng	上	오르다, 가다, (~를 시작)하다
bān	班	근무, 근무시간)

shēng/bìng	生/病	병이 나다, 병이 생기다
*(shēng	生	낳다, 태어나다, 생기다
bìng	病	병)
xiūxi	休息	쉬다
kǎo/shì	考/试	시험을 치다//시험
*(kǎo	考	테스트하다, 보다, 조사하다
shì	试	시험)
yùndòng	运动	운동하다//운동
yóu/yǒng	游/泳	수영을 하다
*(yóu	游	헤엄치다, 떠돌다, 유람하다
yǒng	泳	수영하다, 헤엄치다)
tī/zúqiú	踢/足球	축구를 하다
*(tī	踢	(발로)차다
zúqiú	足球	축구공)
dǎ/lánqiú	打/篮球	농구를 하다)
*(dǎ	打	치다, 때리다, (전화를)걸다
lánqiú	篮球	농구공)
wán	完	(동작 뒤에 놓여)마치다, 완성하다
ài	爱	사랑하다
xǐhuan	喜欢	좋아하다
xiǎng	想	생각하다, 그리워하다/ ~하고 싶다
rènshi	认识	알다, 인식하다

juéde	觉得	~라고 느끼다
zhīdao	知道	알다
xīwàng	希望	(~하기를)희망하다//희망, 소망, 바람

huì	会	(배워서)~할 줄 알다
néng	能	~할 수 있다/ ~해도 좋다
kěyǐ	可以	~해도 좋다, ~해도 된다
yào	要	~할 것이다/ ~해야 한다
kěnéng	可能	~일 것이다, ~일 가능성이 있다

2. 形容词   2. 형용사 --'어떠하다'에 해당

hǎo	好	좋다 // 매우, 아주
dà	大	크다 / (나이가) 많다
xiǎo	小	작다
duō	多	많다 // 얼마나
shǎo	少	적다
lěng	冷	춥다/차갑다
rè	热	덥다/뜨겁다
gāoxìng	高兴	기쁘다, 반갑다
piàoliang	漂亮	예쁘다, 아름답다
gāo	高	높다 / (키가)크다
duì	对	맞다, 옳다
hóng	红	빨갛다

269

bái	白	희다
hēi	黑	검다
máng	忙	바쁘다
kuài	快	빠르다
màn	慢	느리다
yuǎn	远	멀다
jìn	近	가깝다
hǎochī	好吃	맛있다
lèi	累	피곤하다
cháng	长	길다
xīn	新	새롭다
guì	贵	비싸다/귀하다
piányi	便宜	싸다, 저렴하다
qíng	晴	맑다
yīn	阴	흐리다
cuò	错	틀리다
kuàilè	快乐	즐겁다, 신나다

3. 名词   3. 명사

jiā	家	집
xuéxiào	学校	학교
fànguǎn	饭馆	음식점
shāngdiàn	商店	상점

yīyuàn	医院	병원
huǒchēzhàn	火车站	기차역
Zhōngguó	中国	중국
Běijīng	北京	북경
gōngsī	公司	회사
jīchǎng	机场	공항
jiàoshì	教室	교실
fángjiān	房间	방
lù	路	길/(노선버스)~번
shàng	上	위
xià	下	아래
qiánmiàn	前面	전면, 앞면
hòumiàn	后面	후면, 뒷면
lǐ	里	안, 속
zuǒbian	左边	좌측, 왼쪽
yòubian	右边	우측, 오른쪽
wài	外	바깥, 밖
pángbiān	旁边	옆쪽, 곁
jīntiān	今天	오늘
míngtiān	明天	내일
zuótiān	昨天	어제
shàngwǔ	上午	오전

271

zhōngwǔ	中午	정오, 낮
xiàwǔ	下午	오후
nián	年	~년
yuè	月	~월
rì	日	~일 (날짜를 글로 쓸 때)
xīngqī	星期	요일, 주
diǎn	点	~시
fēnzhōng	分钟	~분 동안
xiànzài	现在	지금, 현재
shíhou	时候	때, 시각
zǎoshang	早上	아침
wǎnshang	晚上	저녁
xiǎoshí	小时	~시간 (hour)
shíjiān	时间	시간 (time)
duōshǎo	多少	다소, 조금, 얼마쯤/분량
qùnián	去年	작년
hào	号	~일 (날짜를 말로 할 때)
shēngrì	生日	생일
bàba	爸爸	아빠
māma	妈妈	엄마
érzi	儿子	아들
nǚ'ér	女儿	딸

lǎoshī	老师	선생님
xuésheng	学生	학생
tóngxué	同学	학우, 클래스메이트, 동급생
péngyou	朋友	친구
yīshēng	医生	의사
xiānsheng	先生	Mr. ~씨
xiǎojiě	小姐	Ms. ~양
gēge	哥哥	형, 오빠
jiějie	姐姐	언니, 누나
dìdi	弟弟	남동생
mèimei	妹妹	여동생
zhàngfu	丈夫	남편
qīzi	妻子	처, 아내
háizi	孩子	아이, 어린이
nánrén	男人	남자
nǔrén	女人	여자
fúwùyuán	服务员	(서비스업에 종사하는)종업원
yīfu	衣服	옷
shuǐ	水	물
cài	菜	음식, 요리, 반찬
mǐfàn	米饭	쌀밥
shuǐguǒ	水果	과일

273

píngguǒ	苹果	사과
chá	茶	차, tea
bēizi	杯子	컵, 잔
qián	钱	돈
fēijī	飞机	비행기
chūzūchē	出租车	택시
diànshì	电视	텔레비전, TV
diànnǎo	电脑	컴퓨터
diànyǐng	电影	영화
tiānqì	天气	날씨
māo	猫	고양이
gǒu	狗	개(dog)
dōngxi	东西	물건
yú	鱼	물고기
yángròu	羊肉	양고기
niúnǎi	牛奶	우유
jīdàn	鸡蛋	계란, 달걀
xīguā	西瓜	수박
kāfēi	咖啡	커피
zìxíngchē	自行车	자전거
chuán	船	배(타는 것)
xuě	雪	눈(snow)
yào	药	약

shǒujī	手机	휴대전화
shǒubiǎo	手表	손목시계
yǎnjing	眼睛	눈(신체의 일부)
shēntǐ	身体	신체, 몸/건강
gōnggòngqìchē	公共汽车	버스
gōngjiāochē	公交车	버스
bàozhǐ	报纸	신문
rén	人	사람
míngzi	名字	이름
shū	书	책
Hànyǔ	汉语	중국어
zì	字	글자
Hànzì	汉字	한자, 중국글자
zhuōzi	桌子	탁자, 테이블
yǐzi	椅子	의자
mén	门	문
tí	题	문제, ~번 문제
kè	课	수업
xìng	姓	성씨
wèntí	问题	문제, 질문
shìqing	事情	일, 사정
kǎoshì	考试	시험//시험 치다

piào	票	표, 티켓
yìsi	意思	뜻, 의미
yánsè	颜色	색깔

4. 代词　　　　　　　　4. 대사[대명사]

wǒ	我	나
nǐ	你	너, 당신
tā	他	그, 남
tā	她	그녀
wǒmen	我们	우리
zhè	这	이(것)
zhèr	这儿	이곳, 여기
nà	那	저(것), 그(것)
nàr	那儿	저곳, 저기, 그곳, 거기
nǎ	哪	어느(것)
nǎr	哪儿	어느 곳, 어디
shéi(shuí)	谁	누구
shénme	什么	무엇
duōshao	多少	얼마(가격, 양 등을 물을 때)
jǐ	几	몇
zěnme	怎么	긍정=어떻게/부정=어째서, 왜
zěnmeyàng	怎么样	어때요?
nín	您	당신, '你'의 존칭

tā	它	그것(사람 이외의 사물 3인칭)
dàjiā	大家	모두, 다들, 여러분
měi	每	일일이, 하나하나, ~마다 모두, 각 (every)
wèishénme	为什么	왜, 어째서, 무엇 때문에

5. 数词　　　　5. 수사

yī	一	일, 하나
èr	二	이
sān	三	삼, 셋
sì	四	사, 넷
wǔ	五	오, 다섯
liù	六	육, 여섯
qī	七	칠, 일곱
bā	八	팔, 여덟
jiǔ	九	구, 아홉
shí	十	십, 열
líng	零	영
liǎng	两	둘
bǎi	百	백
qiān	千	천
dìyī	第一	제 일, 처음

6. 量词   6. 양사

gè(ge)	个	~개, ~명 (사람이나 사물의 셈)
suì	岁	~세, ~살 (나이를 셈)
běn	本	~권 (책을 셈)
xiē	些	~들, 다소, 약간, 좀 (복수양사)
kuài	块	~원(말로 할 때)
cì	次	~번 (동작의 횟수를 셈)
gōngjīn	公斤	~Kg
yuán	元	~원(글로 쓸 때)
jiàn	件	~벌, ~가지(옷 종류, 일/사건/선물 등을 셈)
zhāng	张	~장, ~개(표면이 넓은 물건을 셈)

7. 副词   7. 부사

bù	不	~않다
méi	没	~하지 않았다(동작의 과거부정)
hěn	很	매우(형용사술어 앞에 습관적으로 붙여 사용)
tài	太	너무, 지나치게
dōu	都	모두, 다
bié	别	~하지 마십시오, ~하지 마라(금지의 표현)
fēicháng	非常	대단히, 엄청나게
yě	也	~도, 역시
hái	还	더, 또, 게다가, 여전히/ 아직

zuì	最	가장
zhēn	真	정말
zhèngzài	正在	마침 ~하고 있다, ~하는 중이다
yǐjīng	已经	이미, 벌써
yìqǐ	一起	함께
zài	再	다시, 또(미래 상황에 사용)
yòu	又	또, 다시(과거 상황에 사용)
jiù	就	곧, 바로

8. 连词　8. 연사[접속사]

hé	和	~와, and
yīnwèi	因为	~ 때문에/왜냐하면
suǒyǐ	所以	그래서
dànshì	但是	그러나, 하지만, 그런데

9. 介词　9. 개사[전치사]

zài	在	~에서
cóng	从	~로부터
duì	对	~에 대하여/ ~에게/~를 향하여(마주하고)
bǐ	比	~보다, ~에 비해
xiàng	向	~을 향하여, ~에게
lí	离	~로부터(뒤에'멀다, 가깝다'가 따라 나옴)

10. 助词　　　　　　　　　　10. 조사

de	的	~의, ~하는, ~한, ~인 (것)
le	了	~했다(과거)/ 동작 뒤에서'완료'
ma?	吗?	문장 끝에 놓이는 의문조사
ne	呢	~는요?/ 문장 끝에서'진행'
de	得	술어와 보어를 연결하는 조사
zhe	着	~해져 있다(동작 뒤에 사용)
guo	过	~한 적 있다(동작 뒤에 사용,'경험')
ba	吧	~하자, ~합시다(문장 끝에 사용)

11. 叹词　　　　　　　　　　11. 탄사[감탄사]

wèi	喂	여보세요(부르거나 전화할 때)